DECRETS DU 22 JANVIER.

BIENS

DE LA

MAISON D'ORLÉANS.

DISTRIBUTION D'ÉCRITS DESTINÉS A LA DÉFENSE.

EXPLICATIONS DE M. BOCHER

ET

PLAIDOIRIES DE M. ODILON BARROT

DEVANT LE TRIBUNAL ET LA COUR D'APPEL.

PARIS,

IMPRIMÉ PAR HENRI ET CHARLES NOBLET,

RUE SAINT-DOMINIQUE, 56.

1852

DECRETS DU 22 JANVIER.

BIENS

DE LA

MAISON D'ORLÉANS.

DISTRIBUTION D'ÉCRITS DESTINÉS A LA DÉFENSE.

EXPLICATIONS DE M. BOCHER

ET

PLAIDOIRIES DE M. ODILON BARROT

DEVANT LE TRIBUNAL ET LA COUR D'APPEL.

TRIBUNAL CORRECTIONNEL

DE PARIS.

SIXIÈME CHAMBRE.

Audience du 3 mars 1852.

On se rappelle les poursuites exercées contre M. Bocher, ancien préfet du Calvados, ancien membre de l'Assemblée Législative, administrateur général des biens et affaires de la famille d'Orléans, à l'occasion d'une distribution d'imprimés par lui faite dans l'intérêt et pour la défense de cette famille.

M. Bocher était détenu préventivement depuis quinze jours, ainsi que deux co-inculpés, les sieurs Malzy et Dubief, accusés d'avoir pris part à la distribution.

La cause a été appelée le 3 mars, au milieu d'un auditoire nombreux qui avait envahi la salle d'audience dès huit heures du matin.

On y remarquait plusieurs magistrats : M. Pérignon, conseiller à la cour d'appel, M. Gouin, substitut de M. le Procureur général près la même cour, MM. Treilhard, Marie, Descoutures, substituts près le tribunal de première instance, etc., etc. Un grand nombre d'amis personnels du prévenu, d'anciens Représentants, les principaux chefs de l'administration des biens de la Maison d'Orléans, et un public nombreux, très-avide d'entendre et de suivre des débats qui préoccupaient si justement l'opinion publique.

L'audience est ouverte à midi.

Le tribunal est ainsi composé :

M. Lepeletier d'Aunay, Président, MM. Labour et Boselli, juges, M. Hello, substitut de M. le Procureur de la République.

M. LE PRÉSIDENT. L'audience est ouverte ; le Tribunal entendra plusieurs affaires commencées à la précédente audience ; les débats de l'affaire Bocher s'ouvriront immédiatement après.

A une heure, les premières affaires étant terminées, l'huissier appelle la cause du ministère public contre M. Bocher et consorts.

M. Odilon Barrot, avocat de M. Bocher, est au banc de la défense.

Les prévenus, interpellés par M. le Président, donnent leurs noms et professions dans l'ordre suivant :

Pierre-Henri-Edouard Bocher, administrateur des biens de la famille d'Orléans.

Joseph-Hippolyte Dubief, administrateur de l'entreprise Bidault et Compagnie.

Horace-Joseph-Joachim Malzy, chef de distribution dans la même entreprise.

Le Tribunal entend un seul témoin, M. Nusse, commissaire de police, qui déclare avoir fait arrêter M. Bocher au moment où il se présentait dans la maison Bidault pour y déposer des imprimés qu'il voulait faire distribuer.

M. LE PRÉSIDENT. Monsieur Bocher, quelles explications avez-vous à donner sur le fait de distribution ?

M. BOCHER. Faut-il donner des explications de détail, ou d'abord des explications générales?

M. LE PRÉSIDENT. Vous êtes parfaitement libre de choisir l'ordre et la manière dont vous entendez présenter les faits. Expliquez-vous comme vous le jugerez convenable ; si, aux explications que vous aurez données d'abord, vous jugiez à propos d'en ajouter d'autres plus tard, vous pourriez compléter vos observations premières par de nouvelles observations, dans la mesure de ce qui vous paraîtra nécessaire à votre défense.

M. BOCHER. Je ne voudrais pas abuser de la bienveillance du tribunal.

M. LE PRÉSIDENT. Le tribunal entend toujours avec bienveillance les explications des prévenus.

M. BOCHER. Messieurs les juges,

Assisté, comme je le suis, d'un pareil défenseur, et, je le dis avec orgueil, d'un pareil ami, je n'ai rien de mieux à faire, pour le tribunal comme pour moi-même, que de le laisser parler seul.

C'est lui qui vous demandera, la loi à la main, si je suis réellement coupable, et si j'ai bien mérité, après quinze jours de détention préventive, de nouvelles sévérités de la justice.

Je me bornerai donc à rappeler, en très-peu de mots, par quelles circonstances, par quels devoirs, par quelles nécessités, j'ai été amené, malgré moi, sur ce banc.

C'est dans le mois de juillet dernier que j'ai été appelé à continuer la liquidation, et à administrer les biens de la succession bénéficiaire du feu roi Louis-Philippe; je ne suis donc au service de la famille royale que depuis qu'elle est elle-même dans l'exil et dans le malheur.

Chargé d'une mission aussi importante, aussi difficile, qui n'intéresse pas seulement l'auguste famille qui me l'a confiée, qui intéresse aussi tant de créanciers, et qui, même accomplie sous la protection de la loi commune, au lieu d'être troublée violemment comme elle est aujourd'hui, exigeait tant de soins, tant de sollicitude, je m'y suis consacré presqu'exclusivement.

On s'est cru en droit, à propos de l'affaire particulière qui m'amène devant la justice, et de mon titre actuel, de rappeler d'autres fonctions que j'ai occupées aussi, celles de Représentant du peuple. Je pourrais peut-être rappeler à mon tour, sans dommage pour moi-même, la manière dont j'en ai rempli les devoirs, jusqu'au dernier moment. Mais sur ce point, Messieurs, vous n'êtes pas mes juges; je ne dois compte de mon mandat politique qu'à ceux qui me l'avaient confié, et il ne faut point mêler ici deux situations, deux responsabilités, tout-à-fait distinctes et indépendantes.

Une seule est en cause devant vous.

Depuis le mois de juillet jusqu'au 23 janvier, pas un acte, pas un écrit, pas une parole, ni de mes mandants, ni de mes collaborateurs, ni de moi-même enfin, n'ont pu donner lieu, de la part du Gouvernement, à un reproche, à un soupçon. La politique a été toujours et absolument étrangère aux actes de l'administrateur.

Je vous étonnerais, Messieurs, je vous toucherais peut-être, si je pouvais entrer ici dans quelques détails, et vous montrer jusqu'à quel point nous avons poussé, à cet égard, la prudence, la réserve, l'abnégation ; et comment, pour ne pas donner même un prétexte aux susceptibilités, aux ombrages du pouvoir nouveau, nous nous sommes abstenus de faire valoir les intérêts les plus légitimes, les plus justes réclamations.

Toute cette prudence, toute cette réserve, ont été inutiles ; les décrets du 22 janvier ont paru. Ce n'est pas ici le lieu, ni le moment, de les juger. Daignez seulement vous souvenir, Messieurs les juges, de ce que décrètent leurs dispositions, et de ce que disent leurs considérants. Ils dépouillent les Princes de la maison d'Orléans des biens de leurs ancêtres, des dots de leurs femmes, du patrimoine de leurs enfants. Mais ceci ne serait rien. Ils essaient de porter atteinte à la mémoire de celui qui fut pendant dix-huit années le Roi libéral et clément de notre pays ! (*Sensation.*)

En présence de ces décrets, quel était le droit et quel fut le devoir des mandataires des Princes ?

Son droit, c'était d'abord, en supposant que le chef de l'Etat avait été mal informé, mal conseillé, de faire appel à sa justice mieux éclairée.

Comment ce droit a-t-il été exercé ?

Le jour même où ont paru les décrets, M. Dupin adresse au Président de la République une lettre que vous avez tous lue. Dans quels termes était-elle conçue ? Sur quelles considérations sacrées s'appuyait-elle ? C'était le cri s'échappant de la conscience du magistrat, et, comme il l'a dit si bien lui-même, son dernier réquisitoire dans l'intérêt de la loi,—le plus éloquent peut-être !

Peu de jours après, le 26, les exécuteurs testamentaires du feu Roi présentent une réclamation que vous connaissez tous également. Que peut-on lui répondre, et que peut-on lui reprocher? Elle fait un respectueux appel à la justice et à la loyauté du Prince-Président de la République. Et de quels noms est-elle signée ? Des noms les plus respectés, les plus dignes de l'être : MM. Dupin, Laplagne-Barris, Scribe, comte de Montalivet, duc de Montmorency !

Au premier de ces documents, pas de réponse. Au second, un simple accusé de réception de M. le Ministre d'Etat.

Cependant, dès le 27 janvier, un journal presque officiel, *la Patrie*, ajoutait aux considérants du *Moniteur* du 23 les faits les plus erronés, les commentaires les plus propres à égarer, à pervertir l'opinion publique.

Enfin, le 2 février, j'avais connaissance des instructions les plus rigoureuses données par M. le Ministre des finances aux agents du Domaine, pour la mise à exécution des décrets.

Ainsi, d'une part, silence absolu du Gouvernement sur les représentations respectueuses qui lui ont été soumises, et commencement d'exécution ; d'autre part, publicité donnée par *le Moniteur*, et continuée par *la Patrie*, non-seulement aux dispositions du décret du 22, mais aux motifs sur lesquels ils s'appuient, et aux erreurs à l'aide desquelles on cherche à égarer l'opinion.

Que fais-je alors ? à quels moyens de défense ai-je recours? Ceux que je représente sont attaqués dans leurs biens, dans leurs intérêts, dans le plus cher de tous, l'honneur du nom de leur père. Comment dois-je essayer de les défendre?

Pour éclairer l'opinion publique qu'on égare, pour opposer un peu de vérité à tant d'erreurs, je demande à l'autorité compétente l'autorisation de publier la Note des exécuteurs testamentaires, et la lettre de M. Dupin. Puis, comme dans l'intervalle nous avions fait appel aux lumières des jurisconsultes les plus éminents du barreau de Paris, qu'un Mémoire à consulter leur avait été soumis, qu'une Consultation avait été rédigée par eux, consultation purement judiciaire, qui ne traite que la question du droit de propriété, et qui est signée par des hommes dont le nom seul est à la fois une protection et une garantie, MM. O. Barrot, Dufaure, Paillet, Berryer, de Vatimesnil, je demande aussi l'autorisation de la faire imprimer.

Eh bien! le 3 février, la censure refuse l'impression de la lettre de M. Dupin;

Le 4 février, la censure refuse l'impression de la Note des exécuteurs testamentaires;

Enfin, à deux reprises différentes, les 9 et 14 du même mois, même refus pour la publication du Mémoire à consulter et de la Consultation judiciaire.

J'ignore si, dans aucun temps, sous aucun régime, il y a un exemple de pareilles interdictions !

Aussi, après avoir essayé, toujours inutilement, d'user du droit le plus naturel, le plus légitime, après avoir tenté, épuisé en vain tous les moyens possibles d'arriver à la publicité légale et permise, j'ai cru, et je crois encore, qu'il me restait un devoir à remplir.

Voici comment je l'ai rempli.

Les deux documents dont j'ai parlé tout à l'heure avaient déjà paru dans les journaux étrangers qui circulent en France, et, par conséquent, y avaient reçu une certaine publicité, autorisée de fait. Mais cette publicité qui nous défendait, combien était-elle restreinte et incomplète, comparée à celle qui nous attaquait, qui nous attaque librement tous les jours! J'ai voulu rendre la défense moins inégale, et la vérité mieux connue. Ces deux documents, la *Note* et la *Lettre*, ont donc été imprimés à l'étranger. Un troisième document y a été joint. Celui-là, il ne m'appartient pas de le juger. Mais, puisqu'on a parlé, sans doute à ce sujet, d'écrits séditieux, je me bornerai à vous rappeler, Messieurs les juges, par qui cette lettre a été écrite, — par de nobles fils justement indignés!... et où elle a été écrite, — à quelques pas de la chapelle de Weylbrigde, où reposent les restes outragés de leur père! (*Mouvement dans l'auditoire.*)

Ces différentes pièces, avec l'éloquent rapport de M. Berryer, membre de la Constituante, sur la proposition de M. Jules Favre, que reproduisent les décrets du 22 janvier, ont été adressées dans les départements par la voie de la poste.

Oui, elles ont été adressées aux principaux membres de ce clergé de France, auquel on n'a pas craint d'offrir une part dans la spoliation;

Aux chefs de cette armée, dont on a promis d'enrichir les meilleurs soldats avec les dépouilles de ceux qui furent autrefois leurs compagnons d'armes;

A la magistrature, enfin, au barreau, le seul refuge qui nous reste, et sur lequel nous comptons! (*Sensation.*)

Cette distribution, d'ailleurs, Messieurs, de quelques centaines à peine d'exemplaires dans les départements, n'est point mon fait personnel; et je n'ai à répondre devant vous que du délit particulier pour lequel je suis poursuivi. A Paris, où s'exerce principalement l'action de la presse officielle; à Paris, où nous avons de grands intérêts, le Raincy, Monceaux, Neuilly... Neuilly! où l'on veut nous confisquer jusqu'aux ruines que la révolution de février nous y a faites! la publicité nous était plus nécessaire que partout ailleurs. Quinze cents exemplaires des documents que vous connaissez, et de ceux-là seulement, y ont été distribués, vous savez par quels moyens ; permettez-moi de le rappeler.

On s'est étonné que je me sois chargé moi-même de cette mission, et que, pouvant en confier le soin à un subalterne, j'y aie engagé mon caractère et mon mandat. Messieurs, moins que jamais aujourd'hui, je peux me repentir de ce que j'ai fait. Puisqu'il y avait un danger à courir, une peine peut-être à subir, je me réjouis de n'y avoir exposé, ni un ami, ni un serviteur. Et si c'est le plus dévoué qui devait figurer sur ce banc, je suis fier d'y être ! (*Marques de sympathie dans l'auditoire.*)

Et quel crime, cependant, quel délit ai-je donc commis ? Ai-je agi dans l'ombre ? Ai-je eu recours à des moyens blâmables, à l'argent, à la corruption ?

Non. Il s'agissait de répandre les écrits nécessaires, indispensables à notre défense. Je me suis adressé ouvertement, en plein jour, à un industriel autorisé, patenté, qui en fait son métier. Résolu d'abord à n'employer pour cette distribution que la voie ordinaire de la correspondance, la poste, je ne la lui ai confiée que sur son affirmation réitérée qu'il pouvait s'en charger sans manquer aux conditions règlementaires de son industrie, sans se compromettre ; je n'ai point fait avec lui de marché secret, je n'ai point stipulé un prix particulier ; j'ai agi de bonne foi comme lui-même, et les quinze cents exemplaires ont été distribués dans Paris par ses soins.

J'ai été arrêté au moment où j'allais le payer. Ramené immédiatement chez moi, mon domicile, qui est en même temps le siège de mon administration, a été soumis à une perquisition rigoureuse.

Elle n'a produit aucun résultat.

Et je suis détenu depuis ce jour-là ! — C'était le 19 février.

Voilà, Messieurs les juges, sur les faits de la cause, toute la vérité ;... je n'en ai rien omis, je n'y ai rien ajouté. J'ignore si la loi m'est applicable, si j'ai commis, selon son texte, le délit qui m'est imputé ; mais ce que je sais bien, ce que vous savez vous-mêmes, c'est comment et pourquoi je l'ai commis; si c'est volontairement ou malgré moi, comme un mauvais citoyen qui veut troubler le repos public, ou comme un mandataire fidèle qui obéit au plus impérieux des devoirs ; et j'ose espérer que si, comme magistrats, vous me condamniez, comme hommes, vous m'auriez absous au fond de votre conscience... et cela suffit à la mienne. (*Mouvement prolongé.*)

M. LE PRÉSIDENT. Vous reconnaissez le fait de la distribution ?

M. BOCHER. Je n'ai pas distribué moi-même. J'ai fait distribuer par les soins de M. Bidault et de ses agents les 1,500 exemplaires qui ont été remis à leur destination. Je n'en ai pas distribué ni colporté moi-même. Je me suis adressé à un entrepreneur de distribution que j'ai cru autorisé, qui était patenté pour le faire, et qui m'a déclaré en avoir le droit.

RÉQUISITOIRE DU MINISTÈRE PUBLIC.

M. HELLO, substitut du procureur de la République.

MESSIEURS,

La loi du 27 juillet 1849, que vous appliquez tous les jours aux marchands ambulants, punit le colporteur d'imprimés sans autorisation; l'article 283 du Code pénal punit le colporteur d'imprimés sans nom d'imprimeur.

C'est sous cette double inculpation que sont tombés, le 2 février dernier, les hommes qui viennent aujourd'hui en répondre devant vous.

Il faut d'abord dire au tribunal dans quelle circonstance et à quelle occasion il a été saisi ; il faut lui expliquer comment l'attention de la police avait été éveillée.

Depuis longtemps, d'autres écrits, que nous ne reprochons nullement à M. Bocher, hostiles au Gouvernement du Prince Napoléon Bonaparte, et surtout à sa personne, circulaient à profusion dans le public. Ces écrits étaient d'une nature telle, que les hommes de toute opinion politique, que les hommes honorables, loyaux, à quelque parti qu'ils appartiennent, doivent les répudier et les maudire.

Le style en était de mauvais goût, les injures grossières, l'intention venimeuse, et le but, évidemment, un but de destruction.

C'est ainsi que l'attention de la police fut éveillée : elle apprit bientôt que la maison Bidault venait de distribuer des imprimés ayant rapport au dernier décret de M. le Président de la République relatif aux biens de la famille d'Orléans.

Une perquisition eut lieu, une surveillance fut établie. Le résultat de la surveillance fut l'arrestation de M. Bocher ; celui de la perquisition amena la découverte et la saisie d'un certain nombre d'imprimés :

Ils étaient intitulés :

Faits à l'appui de la défense du droit de propriété contre les décrets du 22 janvier 1852.

Les exécuteurs testamentaires du feu roi Louis-Philippe au Prince-Président de la République.

A MM. les exécuteurs testamentaires du feu roi Louis-Philippe.

Ces imprimés ne portaient pas de nom d'imprimeur ; les recherches ont démontré qu'ils avaient été imprimés à Rotterdam, à Bréda, en Angleterre, à Bruxelles. Quant à la lettre autographiée, c'est une œuvre faite à Paris, mais nous n'avons encore pu en découvrir l'auteur.

A l'instant de son arrestation, M. Bocher était porteur de vingt-cinq de ces imprimés, et il y en avait deux cents dans sa voiture. On fit une perquisition chez lui, et l'on saisit une liste contenant l'énumération de professions de toutes sortes, suivies d'un chiffre indiquant évidemment le nombre d'imprimés qu'on se proposait de faire distribuer dans ces diverses classes de la société.

Il ne s'agissait pas de l'armée; et je crois d'ailleurs que depuis le simple soldat jusqu'à l'officier d'un rang supérieur, la distribution eût été bien inutile et complètement sans effet. On y voyait figurer :

Les bains publics,
Les coiffeurs,
Les commissaires-priseurs,
Les courtiers de commerce,
Le clergé de Paris,
Les épiciers,
Les limonadiers,
Les imprimeurs,
Les éditeurs de musique,
Les commissionnaires en marchandises.

Dans cette nomenclature, les épiciers, les limonadiers, les coiffeurs, les commissionnaires en marchandises, sont particulièrement bien cotés.

Voilà la saisie.

M. Bocher accepta d'abord franchement, et, si nous ne nous sommes pas trompé, beaucoup plus franchement qu'aujourd'hui, le rôle qu'il s'était imposé.

Il déclara qu'il avait pris part à la distribution, que c'était là une réclamation légale, morale, contre le décret relatif aux biens de la famille d'Orléans; il déclara que lui seul s'était mis en rapport avec la maison Bidault, afin de ne compromettre ni un agent, ni un domestique, ni un ami, ni un serviteur; il déclara enfin que si les imprimés ne portaient pas de nom d'imprimeur, c'est qu'il avait été obligé de s'adresser à l'étranger pour leur impression.

M. Dubief et M. Malzy avaient aussi été arrêtés comme gérant et comme employé de la maison Bidault; ils se rejetèrent sur leur bonne foi, disant que jamais ils ne s'inquiétaient du sens des billets qu'ils distribuaient.

Les faits ainsi constatés, l'intention ainsi rappelée, il nous semble que le délit est justifié autant par l'intention que par les faits.

M. Bocher a colporté par lui-même, par les agents de la maison Bidault ; en province et à Paris, il a distribué et fait distribuer des imprimés sans nom d'imprimeur; il a été la pensée, l'initiative, l'intention, la cause première ; les autres n'ont fait que le suivre, que l'imiter, que lui obéir. Sa coopération n'a cependant pas été seulement morale, mais matérielle, puisqu'il avait vingt-cinq exemplaires sur lui au moment où il a été arrêté, et deux cents autres dans sa voiture. L'allégation de Dubief et de Malzy ne vient rien détruire des charges qui existent également contre eux. Ils n'avaient pas d'autorisation, ils ne jouissaient que d'une tolérance, et ils sont d'autant plus coupables, que la police leur avait dit bien souvent de prendre garde de ne pas se compromettre, car la tolérance leur serait enlevée la première fois qu'ils se compromettraient.

Auraient-ils donc pu, en vertu de cette tolérance de la police, colporter des placards incendiaires? Non, ils le savent bien, et j'ajoute qu'il y a eu de leur part mauvaise foi. En effet, lorsque le commissaire de police leur demanda s'ils n'avaient rien distribué concernant la famille d'Orléans, ils répondirent que non ; mais la perquisition amena la découverte de deux exemplaires de ces imprimés dans le sac aux rebuts : ils restèrent alors confondus ; et il y avait mauvaise foi de leur part, car rien de cette opération n'était inscrit sur les registres.

Voilà le procès dans toute sa simplicité, et je pourrais dire dans toute sa vulgarité. Et c'est précisément peut-être ce qu'il y a de plus triste et de plus grave pour M. Bocher ! Qu'il me permette de le lui dire avec toute la mesure que sa situation commande, il me semble triste qu'un homme qui a été investi des éminentes fonctions de préfet, qui a eu l'honneur de siéger dans l'Assemblée Nationale, soit volontairement descendu des hauteurs de la politique au rôle de colporteur.

Ces hommes que vous frappez tous les jours, ces colporteurs vulgaires ne savent pas toujours ce qu'ils font, ils ignorent souvent la loi qu'ils sont censés connaître. M. Bocher, lui, fait en grand ce qu'ils font en petit ; il agit avec connaissance de cause, quand les autres agissent avec simplicité ; la loi qu'il viole, il doit la connaître mieux qu'un autre, car, comme membre de l'Assemblée Législative, il a concouru à sa rédaction.

Nous en resterions là, si M. Bocher, soit dans l'instruction, soit à l'audience, s'en était tenu aux faits matériels, et n'avait pas parlé de son intention ; mais il a dit, il a répété que son intention était pure, car elle n'était qu'une réclamation contre un décret qu'il réprouvait.

Cependant la circonstance principale du procès vient lui donner un démenti : la première circonstance, c'est la publicité donnée aux imprimés. Si ce n'était qu'une réclamation, il fallait la porter à celui qui était l'auteur du décret (*Sourires ironiques et murmures dans l'auditoire*), il aurait jugé de la portée, de la justice de la réclamation qui lui était faite.

Enfin, si cette réclamation était aussi pure, il ne fallait pas y joindre la lettre de démission motivée de M. Dupin, et la protestation des exécuteurs testamentaires, qui ne contiennent aucune réclamation, mais seulement l'expression d'un profond ressentiment.

M. Bocher a protesté de son dévouement à une illustre famille. Ces sortes de respect, de regrets pour une famille exilée, sont de nobles sentiments, mais à une condition cependant, c'est qu'ils restent dans le domaine du cœur. Quand ils se traduisent en actes hostiles contre un Gouvernement fondé sur une grande puissance, sur un grand droit, la volonté nationale exprimée par le vote universel produisant librement des millions de suffrages, cette reconnaissance, cette affection, ces regrets, ce dévouement, subissent une étrange métamorphose : ils prennent une forme contraire à leur nature, et ne ressemblent plus alors qu'à du ressentiment.

PLAIDOYER DE M. ODILON BARROT.

M. ODILON BARROT s'exprime ainsi :

Messieurs,

On nous a fait l'honneur de se préoccuper beaucoup en dehors de cette enceinte du système de défense que nous aurions à vous présenter ; on l'a commenté, disant que c'était un débat purement politique que nous voulions soulever devant vous. J'ai hâte de donner un démenti à ces commentaires officieux; c'est un débat de pur droit, de pure moralité, dans lequel je m'engage devant vous. Cette robe que j'ai reprise avec bonheur, puisqu'elle me permet de finir comme j'ai commencé il y a plus de trente ans, suffirait à me rappeler en quelle qualité je parais devant vous, et la nature du devoir que je vais accomplir. Qu'on ne craigne donc pas que je veuille relever indirectement dans cette enceinte la tribune politique. Non, je ne veux vous entretenir que de droit et de justice. Le droit est de tous les partis, et la justice est, dieu merci ! en dehors et au-dessus de la politique.

Je ne voudrais pas affaiblir les paroles si loyales, si sages, si dignes de mon client ; sans s'en douter il m'a, pour ainsi dire, désintéressé de ma plaidoirie. Je ne m'en plains pas.

J'éprouve le besoin, cependant, de constater que cette affaire n'est plus celle qu'un article officiel deux fois communiqué et répété dans la presse, nous annonçait devoir vous être soumise. Selon cet article, vous auriez eu à juger, et c'est là ce qui seul pouvait motiver les rigueurs d'une détention préventive, *un flagrant délit* DE PROPAGANDE D'ÉCRITS SÉDITIEUX !!! Mon client était à la fois l'organisateur et l'exécuteur de cette propagande.

Dieu merci ! Messieurs, telle est la salutaire influence de l'intervention de la justice régulière, qu'au moment où on s'approche d'elle, les exagérations, les rigueurs immodérées tombent d'elles-mêmes. Aussi la sédition prétendue s'est-elle évanouie avant même que nous ayions paru devant vous, pour ne laisser dans la prévention qu'un de ces faits simples d'irrégularité douteuse, qui prennent place entre le délit correctionnel et la contravention.

Ce n'est pas à moi à agrandir ce débat; je suis trop heureux qu'il soit ramené à des proportions étroites et modestes.

M. Bocher, honoré de la confiance d'une famille malheureuse, proscrite, a cru remplir dignement son mandat... mandat gratuit. Mon dieu ! je vous le dis, non pas pour vous influencer en rien, non pas pour affaiblir la responsabilité du mandataire, je vous le dis plutôt pour faire sentir que la responsabilité était d'autant plus grande, que le dévouement était plus volontaire ! M. Bocher a cru devoir, au moment où le patrimoine de cette famille dans laquelle il y a des femmes, des enfants disséminés sur tous les points de l'Europe, au moment où ce patrimoine était frappé sans avertissement, sans instruction préalable, par un... décret par un... jugement... comment appellerais-je cet acte?

M. LE SUBSTITUT. C'est une loi.

M. ODILON BARROT (vivement). Non, ce n'est pas une loi ! car la loi ne s'applique qu'à des droits généraux, et règle l'avenir; il n'y a pas de loi qui frappe une famille privativement, dans son patrimoine, dans son bien! Ce n'est pas non plus un jugement, quoiqu'il soit motivé comme le serait un jugement émané de votre justice; car il manque de toutes les conditions qui constituent une décision judiciaire : il dépouille une famille, il annulle le plus respectable des actes du droit civil, le partage de pré-suc-

2

cession fait par un père en faveur de ses enfants; il scrute et incrimine l'intention qui a présidé à cet acte; il rétroagit sur vingt ans d'une possession paisible et de bonne foi, fondée sur les lois et la reconnaissance solennelle de tous les Gouvernements, de celui de M. le Président lui-même. Non! cet acte n'est ni une loi, ni un jugement, et il nous sera bientôt donné peut-être d'en apprécier et la portée et le véritable caractère.

Veuillez, Messieurs, vous pénétrer de toute l'étendue des devoirs qui incombaient à ce moment au mandataire qui seul représentait en France cette famille ainsi frappée. Ce n'étaient pas seulement les intérêts, les rapports de parents réglés dans des partages, les conditions d'alliance stipulées dans les contrats de mariage, les dispositions testamentaires de leurs augustes parents, toutes les conditions, enfin, de leur existence et de leur fortune, qui se trouvaient bouleversés, détruits.

Il y a bien plus: l'honneur paternel était attaqué. Cet homme pour qui l'histoire a déjà commencé, mais à qui, après tout, la France doit près de vingt ans d'un gouvernement libre et prospère, et il m'appartient peut-être plus qu'à personne de lui rendre cette justice; cet homme que le malheur et la mort devaient au moins protéger, on le signale au monde entier comme spoliateur du domaine public, et comme ayant, par une fraude faite à la loi, soulevé la conscience publique.

Et la vérité est là sous la main. Il suffit d'ouvrir le *Moniteur*, d'en extraire la discussion de la loi de 1832, le rapport de M. Berryer en 1849, le discours de M. Fould en 1850, pour opposer aux assertions étranges des décrets, l'autorité solennelle des trois gouvernements qui se sont succédé depuis l'acte du 7 août 1830.

Mandataire indifférent de malheureux enfants à qui il n'est pas même donné de venir en France défendre la mémoire de leur père, mon client serait resté inactif et silencieux !...

Heureusement, il y a ici un homme de cœur et d'honneur qui les représente, qui se regarde, lui, comme consciencieusement obligé par son mandat à faire pour eux, non pas seulement selon les prescriptions vulgaires de la loi et de la morale, *tout ce qu'il ferait pour lui-même*, mais sous la pression de l'honneur, *plus et beaucoup plus qu'il n'aurait fait pour lui-même*. Eh! bien, qu'a t-il fait pour remplir ce devoir auquel il ne pouvait manquer sans faillir à l'honneur? il vous l'a déjà dit avec l'accent de la plus parfaite loyauté. Il commence par s'adresser, à qui? à l'autorité même dont émane le décret du 22 janvier : il lui soumet cet écrit qui forme le corps du délit; vous le connaissez, c'est un des éléments de votre conviction ; car vous n'êtes pas seulement juges d'une pure question de légalité, vous êtes, à raison de la latitude que la loi laisse à votre justice dans l'application de la peine, juges de la moralité de la conduite de mon client.

Cet écrit se compose de trois documents.

Le premier, c'est tout simplement un emprunt fait au *Moniteur* d'un rapport de M. Berryer, qui, au nom de l'Assemblée Constituante, déclarait que le droit de propriété de Louis-Philippe était sacré, et qu'on n'y pouvait porter atteinte sans ébranler le grand principe de la propriété; car il n'y a pas, dit le rapport avec une grande vérité, de distinction possible entre le palais et la chaumière ; le principe qui protège le droit de propriété ne s'arrête pas à tel chiffre, fût-ce même celui de cent millions, qu'il a plu au décret de fixer. On ne peut pas dire qu'il y a droit en deçà et usurpation au-delà; la propriété du pauvre est solidaire avec celle du riche : si l'une est menacée, l'autre ne peut plus avoir de sécurité. Le droit sacré de la propriété, ce droit pour lequel on nous a solennellement dit que la dernière révolution du 2 décembre s'est opérée, ce droit est absolu et indivisible comme la vérité, comme la justice même.

C'est cependant ce rapport, qui a reçu la haute sanction d'une assemblée républicaine, laquelle, assurément, ne peut pas être soupçonnée de faiblesse ou d'entraînement en faveur du roi Louis-Philippe, c'est ce rapport qui forme le premier élément de cet écrit, *qualifié de séditieux par le pouvoir!*

Le second document est la lettre de M. Dupin. Je vous demande si jamais écrit fut plus réservé, plus respectueux, plus plein de convenance. Il est empreint de douleur sans doute, mais on y sent le besoin qu'a éprouvé le haut magistrat dont il émane, même lorsqu'il fait entendre ses doléances et expose ses convictions de jurisconsulte, de rester dans les limites de la plus parfaite modération; il semble, comme le disait mon client, que c'est encore le procureur général qui parle au nom de la loi, car c'est le langage, la gravité, la modération de la loi elle-même.

Le troisième, c'est la supplique des exécuteurs testamentaires, qui en appellent du Président mal informé, au Président mieux informé. Ils lui signalent respectueusement les erreurs de fait et de droit sur lesquelles repose son décret; ils lui rappellent les actes, les lois, les principes; ils rendent à l'histoire sa vérité; ils lui rappellent toute la différence qu'a dû apporter dans la condition de la royauté, la différence des origines; ils rétablissent le véritable caractère de cette monarchie de 1830, issue, comme l'Empire, d'une révolution et d'un contrat entre la nation et une dynastie. Ils invoquent la loi de ce contrat telle qu'elle a été réglée entre les deux parties intéressées, l'Etat, représenté par la Chambre des Députés, d'une part, et le nouveau roi stipulant pour lui et pour ses enfants. Enfin, ils rectifient les exagérations d'évaluation à l'aide desquelles on cherche à pallier les conséquences ruineuses des décrets.

Cette supplique, comme la lettre de M. Dupin, est rédigée sous l'inspiration du droit pur, sans qu'on y sente le plus léger symptôme de passion politique. M. Dupin annonce qu'il proteste contre toute supposition que sa détermination est *empruntée à des motifs politiques*. Les exécuteurs testamentaires déclarent *qu'ils se tiennent en dehors de toute* préoccupation politique; aussi, pas une allusion à la politique du Président, à ses actes étrangers aux droits de propriété de la famille d'Orléans, ils ne lui disputent pas son pouvoir, mais les biens propres de cette famille ; c'est le sentiment du droit violé qui se traduit dans le langage et les formes les plus respectueuses.

Le quatrième document, c'est la lettre des Princes. (*Mouvement d'attention.*)

Le ministère public a dit que le dévouement aux dynasties exilées, déchues, était honorable en lui-même, mais à la condition d'être renfermé dans le sanctuaire de la conscience. Ah ! un pareil dévouement est facile! il n'est que trop commun dans notre société! On peut s'en contenter quand on n'a pas de devoirs à remplir ; mais quand on sent peser sur soi de ces obligations sacrées !...... je le demande à l'honorable organe du ministère public, le devoir de défendre la mémoire d'un père chéri et vénéré admet-il le dévouement silencieux ? Était-il permis au mandataire des Princes d'hésiter, de discuter, de consulter ses convenances et de calculer ses dangers, lorsque, sous le coup de l'outrage publiquement adressé à la mémoire de leur père, les Princes lui envoient une protestation pour la mettre à côté de l'outrage ?

On trouve, dit-on, dans cette protestation, l'accent de l'ame indignée. Qui aurait le courage de s'en étonner et de le blâmer ? Les magistrats, les conseils, les exécuteurs testamentaires avaient tous le devoir de rester dans les termes de la modération ; mais les enfants ! ils défendent leur père, seuls ils ont le droit d'être indignés et de laisser l'empreinte de leur indignation dans leur protestation. Que ceux qui se contentent des dévouements silencieux appellent cela de la passion, *moi je dis que c'est de la piété !* (*Mouvement dans l'auditoire.*)

Ces écrits que vous connaissez bien maintenant, Messieurs, les a-t-on publiés avant d'avoir épuisé toutes les voies de réparation? Non ! c'est après avoir attendu, c'est après qu'on a répondu à la lettre de M. Dupin par la nomination de son successeur ; à la supplique des exécuteurs testamentaires par un accusé pur et simple de réception ! c'est quand on poursuit l'exécution du décret du 22 janvier, tantôt dans le décret du crédit foncier, tantôt dans celui des médailles, qui a pour ainsi dire commencé le partage, c'est alors que M. Bocher songe à l'impression et à la publicité!

Vous lui reprochez d'avoir adressé sa défense aux diverses classes de la société, et là-dessus vous présentez la nomenclature dédaigneuse et un peu trop aristocratique des professions auxquelles il s'adressait : est-ce que l'outrage n'avait pas pénétré partout, en bas plus encore qu'en haut? Vous lui faites un crime d'avoir voulu éclairer l'opinion publique; mais lorsque ses réclamations auprès du président se trouvaient impuissantes, ne lui était-il pas permis d'en appeler à ce souverain juge qu'on appelle l'opinion publique, et en cela ne préparait-il pas aussi les voies de cette justice régulière qui seule pourra vider le débat?

Voilà ce qu'il a fait, et il l'a fait au moment où il ne restait pour lui que cette dernière, que cette extrême ressource.

Mais, nous dit-on, pourquoi a-t-il publié à l'étranger et non à Paris?

Vous le savez.

J'ai dans les mains, et il sera bon que le document passe sous vos yeux, une première lettre du 3 février 1852, écrite par son imprimeur à mon client.

Il s'agissait de l'impression de la lettre de M. Dupin, vous la connaissez; elle ne renfermait pas seulement une démission, mais une démission fortement motivée, un argument puissant en faveur du droit violé!

M. Bocher, voulant publier cette lettre, s'adresse à l'imprimeur. Celui-ci en demande la permission à la censure, et voici la lettre qu'il répond à mon client :

Paris, 3 février 1852.

Monsieur,

« M. Henri revient à l'instant du bureau de la censure.

« On n'autorise pas l'impression de la lettre de M. Dupin, ni « de la Note des exécuteurs testamentaires. »

J'ai l'honneur d'être, etc.

Comme vous l'a dit M. Bocher, il crut devoir consulter des jurisconsultes, il les choisit dans toutes les nuances d'opinion, voulant que leur travail eût un caractère plus absolu d'impartialité. Leur consultation est délibérée avec maturité dans dix ou douze réunions successives. Ces avocats, tous vieillis sous le harnais ou qui ont fait leurs preuves, mettent la plus grande attention à écarter de ce travail purement juridique tout ce qui pourrait toucher aux passions politiques. Mon Dieu! vous devez bien penser que des hommes qui ont quelque expérience des affaires et de la justice n'auraient pas été faire une consultation politique quand on leur demandait un acte de discussion de pur droit.

Eh bien! c'est une règle acceptée par tous les législateurs et dans tous les pays, consacrée au reste par le texte formel de nos lois, qu'une défense judiciaire, une consultation sur litige, jouit du privilège d'être affranchie des entraves mises à une publicité ordinaire; la censure a dans son domaine la politique, mais elle ne touche pas à la justice. On ne peut subordonner à la police la défense des droits litigieux, des procès, enfin.

M. Bocher envoie donc cette consultation à imprimer. L'imprimeur croit devoir demander une autorisation. On la lui refuse. Il insiste; refus réitéré, et voici en quels termes. C'est une lettre de l'imprimeur adressée à M. Bocher.

« Paris, 9 février 1852.

« Monsieur,

« Nous avons déposé samedi, ainsi que nous vous l'avions promis, « le Mémoire à consulter au bureau de la censure. Je viens d'en- « voyer notre homme de peine à qui on avait remis un numéro « d'ordre. *Nous n'avons pas été plus heureux* que pour la Note. « On lui a répondu que, quant à présent, on n'avait rien à lui re- « mettre.

« Je m'empresse de vous en donner avis. Nous attendrons quel-

« ques jours, et, à la fin de la semaine, je renverrai au bureau si « cela vous convient.

« J'ai l'honneur d'être, etc. »

Le 14 février, on renvoie au bureau, et voici la réponse :

« Paris, 14 février 1852.

« Monsieur,

« Lorsque votre homme est venu chercher la réponse, je ne « l'avais pas encore, attendu que le bureau n'ouvre qu'à une « heure. Notre homme de peine en revient à l'instant; *la réponse* « *est toujours négative.* M. Henri est allé ensuite lui-même voir « le chef du bureau, mais il lui a été répondu *qu'il était inutile* « *d'insister.*

« Veuillez, je vous prie, Monsieur, nous faire savoir ce qu'il « faut faire des compositions du Mémoire et de la Consultation, « et agréez l'expression de mes sentiments distingués. »

Ainsi, vous le voyez, toute issue est fermée au droit de la défense; l'autorité ne répond même pas aux réclamations les plus respectueuses ; la publicité est absolument interdite à la lettre de M. Dupin, à la réclamation des exécuteurs testamentaires, à la consultation des jurisconsultes elle-même. Silence, silence absolu ! Ah ! vous nous parlez du suffrage universel, de l'autorité fondée sur l'assentiment général d'un pays : croyez-vous qu'il entre dans le droit assis sur le suffrage universel d'établir d'un côté l'attaque et d'interdire de l'autre la défense ?

M. LEPELETIER D'AUNAY, *président*. Nous n'entrons pas dans l'appréciation de.....

Me ODILON BARROT. Je suivais l'organe du ministère public; mais je remercie M. le Président de me rappeler....

M. LE PRÉSIDENT. Vous-même, vous avez tracé le cercle de votre défense ; le tribunal vous prie de vous y renfermer.

Me ODILON BARROT fait un signe d'acquiescement, et reprend : J'ai besoin, Monsieur le Président, de bien préciser la situation dans laquelle était mon client quand il a eu recours à la publication qui est incriminée ; vous comprenez que l'élément capital de ma défense, et surtout de la justification morale de mon client à laquelle j'ai mission de m'attacher avant tout, est principalement dans l'interdiction qui nous a été faite en France de rien publier pour défendre notre droit et notre honneur ; et quand on nous oppose la toute-puissance donnée à l'élu du suffrage universel, je repousse cette objection en droit. Je dis que le suffrage universel n'a pas certainement sanctionné un tel usage du pouvoir, et j'ajoute que, dans tous les cas, je mets même au-dessus du suffrage universel les lois de l'éternelle justice, qui ne permet pas qu'on attaque, quand on interdit la défense. (*Sensation dans l'auditoire.*)

Je demande pardon au tribunal de cette digression, que les paroles de M. le Substitut ont amenée.

Toute impression, comme je le disais, est donc refusée en France. Mais pendant qu'on refuse à M. Bocher tout moyen de faire entendre la vérité, interdit-on aux journaux, organes de la publicité, de se livrer à des attaques contre la famille d'Orléans ? C'était bien assez du décret qui avait eu un si grand retentissement ; au moins fallait-il empêcher les journaux d'entrer dans une polémique où on interdirait toute contradiction. Eh bien ! Messieurs, il n'en est pas ainsi : je ne dis pas qu'on encourage, car je n'en ai pas la preuve, mais on laisse au moins toute liberté aux agressions des journaux ; *la Patrie*, *la Gazette de France* usent à peu près tous les jours de la pleine liberté qu'on leur a laissée, sans penser un seul instant qu'ils attaquent bravement des adversaires exilés et auxquels on interdit la défense. Ces journaux vont ramasser dans tous les libelles de ce temps où les passions étaient les plus envenimées, et où du moins elles s'attaquaient à une puissance debout, les plus odieuses, les plus sales diffamations, pour les déverser sur une famille que le pouvoir semble leur avoir livrée comme une proie. J'ai à la main une brochure, je pourrais vous en citer quelques passages, et vous seriez révoltés et même dégoûtés; elle ne se contente pas, elle, de refaire des *généalogies* comme le journal la *Patrie*, de substituer des apanages à des biens patrimoniaux dont l'origine est établie comme le pourrait être, dans l'étude d'un notaire, la propriété la plus solidement assise; ce n'est pas assez pour les auteurs de ce libelle de refaire l'histoire comme la *Gazette de France*, de rattacher tous les malheurs, tous les fléaux qui ont désolé la France à la famille d'Orléans: mais saisis d'une étrange émulation, encouragés par la tolérance de la police, ils vont jusqu'à insinuer le reproche de complicité dans un assassinat; et comme pour dépasser toutes les limites, l'instrument de cette abomination, ce ne serait rien moins que la justice du pays! Cette brochure se répand avec l'autorisation de la censure, *elle se vend chez tous les libraires*, vous pouvez le lire sur la couverture. Et lorsque de telles infamies se propagent dans toute la France, qu'elles sont distribuées dans toutes les classes de la société et y pervertissent les opinions et les sentiments, lorsqu'aucune réponse ne nous est permise, et que l'interdit s'étend jusqu'à la consultation même des jurisconsultes chargés de donner leur avis sur le droit, vous nous reprochez d'avoir cherché à tout prix à échapper aux entraves d'une telle situation, vous nous imputez à crime ce que nous avons fait pour essayer de briser le réseau de police dans lequel on nous enchaînait!

Vous n'oublierez pas, Messieurs, dans le sein de vos délibérations, et lorsque vous aurez à juger moralement mon client, que c'est dans cette situation, et sous l'empire de la nécessité la plus absolue qu'on lui en avait faite, qu'il a fait imprimer à l'étranger cette défense si légitime qu'il ne pouvait faire imprimer en France.

Il a été imprudent.

Oh ! oui, c'est facile à dire ; certes, il eût été plus commode de se croiser les bras ; c'eût été, aux yeux du ministère public, donner une preuve de dévouement silencieux et de parfaite sagesse. Mais M. Bocher ne le pouvait pas. Tant qu'il lui restait un moyen de faire connaître la vérité, quel qu'il fût, et le moyen dût-il sortir des entrailles de la terre, comme dans la fable, son devoir était de le saisir.

Malheureusement la douane est venue en aide à la censure et à la police, et a arrêté au passage plusieurs ballots de ces écrits, lorsque mon client les attendait au jour fixé pour les faire distribuer par la poste.

Le ministère public a paru incriminer ce mode de distribution par la poste; mais en cela il méconnaît le dernier état de la jurisprudence. Le colportage ne saurait, dans aucun cas, s'appliquer au fait de la distribution par la poste.

Dans cette intention, il avait demandé à la maison *Bidault* un certain nombre d'enveloppes dans lesquelles il se proposait de mettre l'écrit. Qui ne connaît la maison Bidault ? Chacun de nous a pu rencontrer ses agents parcourant la capitale avec des insignes qui les font reconnaître de tous ; ce ne sont p là au moins des colporteurs clandestins ou ignorés de l'autorité.

Les colporteurs que la loi a surtout voulu atteindre, ce sont ces hommes qui, pour se soustraire aux regards du pouvoir et à la responsabilité qu'ils encourent, parcourent nos campagnes en cachant sous d'autres marchandises ces écrits immoraux ou dangereux qui empoisonnent le cœur et l'esprit du peuple, et trouvent ainsi le moyen de se livrer impunément au commerce le plus dangereux. Bien loin de là, il s'agit, dans la cause, d'une entreprise connue, qui exerce ostensiblement son industrie.

Lorsque M. Bocher vient lui commander un certain nombre d'enveloppes destinées à renfermer les imprimés, pour être ensuite livrées à la poste, l'entrepreneur lui dit : Pourquoi vous adresser à la poste pour la distribution ? Ce qu'elle ferait, nous sommes autorisés à le faire, et vous n'aurez pas à diviser votre opération. — Mais prenez garde, répond M. Bocher, ce ne sont pas des cartes de visite ou de simples lettres de faire part ; l'imprimé peut éveiller les susceptibilités de la police. — L'entrepreneur insiste, et déclare qu'il est parfaitement dans son droit du moment qu'il n'est chargé de distribuer que des imprimés et non des lettres manuscrites. C'est sur cette insistance que M. Bocher a cédé.

Nous verrons quelle est l'influence de ces faits sur le caractère légal du délit. Quant à présent, il me suffit, pour compléter cet exposé, de dire que c'est publiquement que cette convention est conclue, suivant les formes et dans les conditions habituelles adoptées par la maison Bidault. Il est convenu qu'elle fera la distribution qu'elle demande à faire ; on lui livre 1,500 exemplaires ; ses agents les distribuent ; les autres exemplaires sont saisis à la douane ; et M. Bocher, au moment où il se rend chez l'entrepreneur pour solder la distribution effectuée et dégager sa parole pour le reste, est arrêté !

Telle est l'affaire dans toute sa simplicité. Je pourrais ajouter que par ce seul exposé elle est moralement jugée, car il est difficile de faire sortir un délit de l'accomplissement juste et rigoureux d'un devoir, et de frapper des sévérités de la loi les nécessités de la défense la plus légitime.

Il m'en coûte un peu de sortir des appréciations morales et de pure équité qui dominent dans cette cause, pour discuter la question légale. Je crois cependant avoir aperçu quelque confusion dans la doctrine présentée par le ministère public, et je dois la signaler.

Je sais, Messieurs, tout ce qu'il y aurait d'inconvenant à fortifier l'autorité de l'avocat par les souvenirs du Ministre ; mais ce que je puis affirmer, car cela est écrit au *Moniteur* dans l'exposé des motifs de la loi et répété dans le rapport fait à l'appui de la loi, c'est que cette loi avait pour but, comme je l'ai déjà dit, de mettre sous la main de l'autorité *le commerce* du colportage qui se faisait dans l'ombre, et inondait nos campagnes d'écrits dangereux et anti-sociaux.

Vous connaissez bien l'origine de cette loi. Il s'agissait de savoir si ce commerce rentrait dans la librairie, et si l'on pouvait exiger un brevet de libraire des hommes qui s'y livraient; il s'agissait surtout d'établir une sanction pénale qui manquait dans notre législation contre ceux qui faisaient le commerce de la librairie sans brevet.

Nous avons voulu combler cette lacune ; nous avions, dans le projet de loi, imposé à tout colporteur la nécessité de se pourvoir d'un brevet, et nous avions établi une sanction pénale.

Lors de la discussion devant l'Assemblée, on a fait une objection : Pourquoi, disait-on, donner un brevet? Quand vous aurez donné un brevet, vous aurez désarmé l'autorité ; il faut donner une autorisation qui pourra être révoquée. L'amendement proposé par la Commission fut adopté, mais sans rien changer au caractère primitif de la loi. Le rapporteur disait : Vous assimilez le colporteur au libraire, nous l'assimilons, nous, avec plus de raison, à l'étalagiste ; ce dernier est soumis à l'autorisation de la police. Eh bien! à votre brevet, substituez cette autorisation ; mais c'est toujours un commerce placé en tout temps sous la main et sous la surveillance de l'autorité.

Je n'ignore pas que la jurisprudence a donné quelques extensions au texte précis de la loi ; que dans la difficulté, dans l'impossibilité peut-être d'établir une distinction bien nette entre le fait professionnel et le fait accidentel, de déterminer le moment précis où le fait individuel cesse pour devenir habituel, professionnel, la jurisprudence a étendu la loi même au fait accidentel d'une distribution d'écrits ; elle décide que la distribution même de l'écrit faite par son auteur pourrait être considérée comme rentrant dans les termes de la loi répressive.

Il y a quelque danger à pousser ainsi les lois jusque dans l'absolu. On peut arriver par là, en exagérant leur portée, à en compromettre l'influence morale et salutaire. Que diriez-vous de cette loi appliquée à un académicien, à M. de Montalembert, par exemple, — je cite son nom, parce qu'il est honorable, — distribuant son discours de réception à ses amis, à ses connaissances : serait-ce là du colportage? (*Sourires dans l'auditoire*).

Je pourrais multiplier ces exemples à l'infini. Je n'ai pas l'intention d'attaquer la jurisprudence; je veux seulement faire remarquer à quelles conséquences dangereuses on s'expose en poussant les lois à l'extrême, et tirer de là cette conséquence, qu'il faut du moins se garder d'aller encore plus loin dans cette voie où l'on a déjà été peut-être trop avant.

Cependant, on vous propose de déclarer que la loi sur le colportage s'applique non pas seulement au fait professionnel, pas même seulement au fait d'avoir distribué, colporté soi-même tel ou tel écrit, mais aussi au fait d'avoir remis des écrits à une entreprise qui se déclare suffisamment autorisée pour en faire la distribution.

On rend responsable celui qui a seulement remis ces écrits, pas même spontanément, mais sur les instances de l'entreprise. Ce serait donc pour n'avoir pas demandé la présentation de l'autorisation de cette entreprise, pour ne l'avoir pas discutée contre elle, que le délit aurait été commis? Ce serait un grand pas fait par une jurisprudence déjà bien étendue.

Quoi! je remets à un agent qui se dit autorisé des imprimés à distribuer, et, s'il a violé la loi, vous établissez entre lui et moi une solidarité! Mais où la trouvez-vous donc? Dans quelle disposition de la loi, et d'où tirez-vous votre argument, votre induction?

Ne croyez pas, Messieurs, que je tombe à mon tour dans l'absolu, ni que je dise que le fait de la remise d'écrits à une entreprise de distribution ne tombe jamais sous la responsabilité de la loi! Non! Mais dans quel cas? dans le cas du droit commun indiqué par l'article 60 du Code pénal, quand il y a eu une intention qui établit la complicité : car, Messieurs, la première condition de la complicité, c'est d'avoir concouru au délit *sciemment*.

Ah ! si M. Bocher avait dit à Bidault, sachant qu'il n'était pas autorisé : Voilà une brochure qui doit être publiée ; je sais que je cours un risque par cette publicité ; cependant il y a un devoir qui, pour moi, domine ce risque. Quant à vous, qui n'êtes pas sous l'influence du même devoir, je vous désintéresserai ; voyons quelle est la prime qui représente le risque que vous courez ? Oh ! alors, il y aurait complicité ; car, dans ce cas, celui qui remet l'écrit concourt *sciemment* au délit, il s'en fait l'agent provocateur, il ne fait qu'un avec l'auteur principal, il peut être puni avec plus ou moins de sévérité, selon que l'intention qui l'a inspiré, le but qu'il s'est proposé, sont plus ou moins répréhensibles. Mais y a-t-il quelque chose de semblable dans la cause ?

Je ne justifierai point mon client du reproche que le ministère public lui fait d'avoir été moins explicite, moins sincère, dans sa déclaration à l'audience qu'il ne l'avait été dans son interrogatoire. Vous l'avez entendu, vous l'avez jugé, Messieurs ; les honnêtes gens se sentent et se devinent ; ils n'ont pas besoin de se connaître depuis longtemps. Vous avez deviné sous cette parole si loyale et si ferme en même temps, l'accent de la vérité ; d'ailleurs, ce qu'il a dit est exactement conforme à la déclaration de l'agent de distribution. Celui-ci, interrogé au moment même de son arrestation, expose les faits précisément comme mon client les a exposés à l'audience : la commande des enveloppes, l'intention de recourir à la poste pour la distribution, l'insistance de l'entrepreneur pour faire l'office de la poste, ses déclarations réitérées qu'il y était autorisé ; tous ces détails sont parfaitement concordants.

M. Bocher n'avait aucun intérêt, du reste, à ce que la distribution eût lieu plutôt par la maison Bidault que par la poste ; s'il donne la préférence à l'entrepreneur après ses instances, c'est parce que celui-ci affirme qu'il est autorisé. Il n'y a donc aucun lien de solidarité, aucune complicité entre celui qui a remis les imprimés et l'entreprise qui les a distribués sans autorisation ; car la circonstance constitutive du délit non-seulement était ignorée de lui, mais il a dû croire qu'elle n'existait pas; et sa confiance était telle, il avait si peu en lui la conscience d'un délit, même d'une infraction, que c'est en plein jour, d'après les tarifs existants, que l'opération se traite et se consomme.

Il ne faudrait pas être bien sévère contre cet entrepreneur et lui reprocher cette confiance qu'il avait dans son droit; car, ainsi qu'il vous l'a dit, l'entreprise qu'il exploite existe depuis vingt ans; ses agents circulent dans tout Paris; plusieurs fois ils ont été arrêtés dans des circonstances accidentelles; ils ont été amenés devant la police, et, après quelques explications, la police, les reconnaissant dans leur droit, n'a exercé aucune poursuite contre eux.

Mais, dit-on, ils n'avaient pas d'autorisation écrite.

Il faut que le tribunal sache que la police connaît deux espèces d'autorisation : l'autorisation de fait, et celle expresse ou écrite. Pourquoi la police ne donne-t-elle pas, pourquoi répugne-t-elle en général à donner une autorisation expresse, écrite? C'est que quand elle a donné une autorisation expresse, il faut la révoquer, et cela entraîne quelques inconvénients; au contraire, quand elle n'accorde qu'une autorisation de fait, une tolérance, elle n'est pas obligée de la révoquer.

Je vous citerais vingt établissements dans Paris, des réunions, des cercles, qui n'ont pas d'autorisation expresse; je n'en fais pas un reproche à la police : ce procédé est peut-être bien entendu et facilite l'administration; mais enfin les tiers qui se fient à cette autorisation apparente peuvent-ils être raisonnablement rendus responsables de leur confiance?

Ce procédé d'administration a été employé à l'égard de l'entreprise Bidault: la préfecture de police lui a dit: Vous existez depuis vingt ans, continuez comme vous avez commencé. — Est-ce qu'il ne vous semble pas entendre le chef de l'administration? — Je ne vous donne pas d'autorisation expresse; vous existez, continuez avec votre réserve, votre sagesse habituelle. L'entrepreneur n'était-il pas autorisé par là à répondre à mon client, dans sa bonne foi, qu'il était en règle avec la police et qu'il croyait pouvoir se charger de la distribution?

En vérité, ce serait déjà bien sévère de rendre l'entrepreneur responsable de sa croyance dans une autorisation de fait dont on lui disait de se contenter; mais en étendre la responsabilité jusqu'à l'étranger qui s'est contenté de l'affirmation de cet entrepreneur qu'il est en règle, ce serait forcer et fausser l'application de la loi sur le colportage! Jamais la jurisprudence, qui est déjà si étendue, dont les conséquences peuvent amener des situations si étranges, jamais la jurisprudence n'ira jusqu'à établir une solidarité, une identité absolue entre celui qui remet l'écrit et l'agent de distribution.

Voilà pour la discussion légale du colportage.

Je n'ai plus que peu de mots à ajouter sur le second chef de prévention.

L'art. 283 du Code pénal dit que toute publication ou distribution d'ouvrages, d'écrits dans lesquels ne se trouvera pas l'indication vraie des nom, profession et demeure de l'auteur ou de l'imprimeur, sera punie d'un emprisonnement et d'une amende.

A la différence du colportage, le délit n'est pas ici seulement dans la distribution, il est dans le moyen de publicité. Vous qui remettez à un agent, pour le publier, un écrit, vous ne pouvez pas ignorer que cet écrit n'a pas de signature d'auteur et d'imprimeur, et par conséquent il n'y a pas de distinction à faire entre l'agent qui distribue et celui qui livre l'écrit à cet agent.

Mais je soumets en toute humilité au tribunal cette observation de droit: il me semble que l'art. 283 du Code pénal se rattache à un ensemble de mesures de police qui concernent la librairie et l'imprimerie en France. Le législateur a un grand intérêt à ce que l'autorité puisse toujours remonter d'une manière certaine à une personne responsable d'un écrit imprimé; le nom de l'imprimeur exigé dans tous les cas lui assure cette responsabilité; la nécessité du nom de l'imprimeur est donc d'ordre public, et c'est pour cela que la loi a inscrit cette obligation dans l'art.283 du Code pénal, et y a attaché une sanction pénale.

Mais, Messieurs, cette disposition est-elle applicable à des écrits imprimés à l'étranger? Cette question est neuve. Je la recommande à l'attention du tribunal; je ne sache pas qu'elle ait encore été jugée; peut-être êtes-vous appelés à fixer la jurisprudence en cette matière.

Je ne crois pas l'article 283 applicable à des œuvres imprimées à l'étranger; je ne crois pas que cette disposition de police intérieure que la loi française a établie pour les œuvres imprimées en France, puisse s'appliquer à des œuvres imprimées à l'étranger.

Et, en effet, si vous voulez bien rapprocher l'article 284 de l'article 283, vous verrez qu'il suffit à celui qui a distribué un imprimé sans nom d'imprimeur, d'indiquer le nom de l'imprimeur pour que le délit soit de suite transformé en une simple contravention.

L'article 284 dit :

« Cette disposition sera réduite à des peines de simple po-
« lice :

« 1° A l'égard des crieurs, afficheurs, vendeurs ou distribu-
« teurs qui auront fait connaître la personne de laquelle ils tien-
« nent l'écrit imprimé;

« 2° A l'égard de quiconque aura fait connaître le nom de
« l'imprimeur;

« 3° A l'égard même de l'imprimeur qui aura fait connaître
« l'auteur. »

Pourquoi?

Parce qu'alors la loi sait à qui s'adresser.

Mais si l'imprimeur est à l'étranger, où est l'action de la loi française, et l'intérêt de l'article 283?

Et cela est si vrai, Messieurs, que vous ne nous avez pas demandé le nom de notre imprimeur étranger. L'article 283 n'était pas applicable, aussi ne nous avez-vous pas interpellé sur l'article 284.

En tire-t-on la conséquence que la société est désarmée ? M'objectera-t-on que la loi qui a pris des précautions contre les impressions faites en France, serait bien inconséquente si elle restait sans défense à l'égard des impressions faites à l'étranger ? Non ! Messieurs, la société ne reste pas sans défense; mais les garanties sont autres, elles ne se trouvent plus dans l'article 283, elles sont dans le droit qu'a tout peuple, tout gouvernement, tout souverain, d'interdire sur son sol l'entrée d'imprimés étrangers. Ce n'est plus une question de législation criminelle nationale ; c'est une question de droit international qui est réglée par des traités; ce n'est plus une question de police correctionnelle, c'est une question de douane.

Voilà comment peut s'expliquer l'article 283, comment peut se résoudre, sans compromettre les intérêts de la société, la question de savoir si l'article 283 est applicable aux œuvres imprimées à l'étranger.

Je crois donc que ni la loi contre le colportage, ni l'article 283, n'est applicable au fait tel qu'il est précisé par l'information, par les débats. On ne peut pas reprocher à mon client d'avoir confié de bonne foi à un agent de distribution qui se croyait autorisé, des écrits qu'il aurait, sans cela, confiés à la poste.

Quant à la question, si même dans la distribution par la poste il y aurait eu délit de colportage :

Vous connaissez l'arrêt de la cour de cassation qui règle la jurisprudence sur cette question; cet arrêt décide que la poste étant une entreprise publique et par conséquent autorisée, la distribution qu'elle fait ne constitue pas un délit.

Ici se termine naturellement ma tâche, car mon client avait d'avance épuisé la question morale, et je viens de traiter avec de trop longs développements la question légale. Mais, avant de finir, je vous supplie encore une fois de bien apprécier, dans vos consciences, les circonstances vraiment exceptionnelles dans lesquelles mon client s'est trouvé, et qui ne lui ont pas permis de faire autre chose que ce qu'il a fait pour obéir au plus impérieux et au plus saint des devoirs. Vous lui tiendrez compte surtout de l'obstacle absolu, insurmontable, que lui oppose le refus de la censure pour la publication d'une défense qui deviendra cependant de jour en jour plus nécessaire et plus urgente.

Je vous demande, mon Dieu ! de le juger comme vous vous jugeriez vous-mêmes, et d'examiner si vous devez sévir comme juges contre celui que vous ne pouvez vous empêcher d'estimer comme homme.

Messieurs, les vicissitudes se renouvellent bien souvent dans notre pays; elles entraînent, à des époques bien rapprochées, les institutions, les trônes, les dynasties, et, comme des ouragans dévastateurs, couvrent la France de ruines : que du moins il y ait une chose qui reste debout, qui soit préservée, et elle ne peut l'être que par vous, Messieurs. Tant que cette chose sera respectée, il ne faudra jamais désespérer de la société : c'est la religion du devoir; c'est le courage de se dévouer pour ce qui est juste et honnête. Mais le jour où des sentiments que nous sommes obligés d'honorer dans le for intérieur de notre conscience, seraient flétris du sceau de la loi, oh ! alors, ce serait une nouvelle douleur pour les honnêtes gens, pour les bons citoyens, car il faudrait désespérer même de l'avenir.

Ce malheur, je ne le redoute pas, tant que votre juridiction sera libre et respectée.

Aussi, je salue avec bonheur ce débat comme un premier retour au droit commun. Je suis tenté de rendre grâces au pouvoir de ce procès, quelle que soit l'amertume que je ressente à voir assis sur ce banc un homme honoré de tous, que j'estimais déjà beaucoup avant qu'il fût soumis à l'épreuve qui l'amène devant vous, et que j'estime encore davantage aujourd'hui. J'éprouve une sorte de joie à me retrouver enfin en face de la loi ordinaire et de la justice régulière de mon pays; j'aime mieux ses rigueurs, même excessives, que l'arbitraire le plus indulgent; oui, nous avons soif de justice, nous avons foi dans la vôtre, nous l'attendons. (*Vive sensation dans l'auditoire.*)

RÉPLIQUE DE M. LE SUBSTITUT.

M. LE SUBSTITUT prend de nouveau la parole, et commence par déclarer que le décret du 22 janvier, qu'il soit loi, décret ou jugement, ne doit pas être discuté et commande le silence.

Il soutient ensuite que la loi sur le colportage est applicable aux cas de colportage accidentel comme à ceux de colportage traditionnel. Il cherche ensuite à réfuter l'opinion de l'honorable M. Odilon Barrot, qui veut, pour l'application de la loi, que le colportage soit personnel ; il s'appuie, à cet effet, sur un arrêt rendu, le 30 janvier 1850, par la cour de Caen, qui décide que celui qui a chargé un agent de faire la distribution encourt la pénalité portée par la loi. Il prétend qu'aux termes de cet arrêt, M. Bocher est l'auteur principal du délit, et non pas seulement le complice. M. Hello invoque à l'appui de sa thèse la déclaration faite par M. Bocher dans son interrogatoire, et répondant : « Il est inutile que je dise par quelles mains la distribution « a été faite ; il suffit que, comme inculpé, je déclare y avoir » pris part.»

Selon M. le Substitut, et il insiste longuement sur ce point, la découverte de 25 exemplaires d'une lettre autographiée sur M. Bocher au moment de son arrestation, et de 200 autres dans sa voiture, suffit à constater sa coopération matérielle dans la distribution « jusqu'à la dernière évidence. »

Enfin, il prétend que l'art. 283 est applicable, et s'il n'a pas, dans son réquisitoire, soulevé cette question, c'est qu'il ne pensait pas qu'elle pût paraître douteuse.

Il soutient, en terminant, qu'il n'y avait pas bonne foi de a part de Dubief et Malzy, puisque leur autorisation ne leur était accordée que pour la distribution de cartes de visite, de billets de faire part, de prospectus, et qu'ils distribuaient secrètement un imprimé relatif aux biens de la famille d'Orléans : car la perquisition faite chez eux a amené la découverte de deux imprimés.

M. le Substitut requiert, en conséquence, contre les trois inculpés, l'application de l'art. 283 du Code pénal et de la loi du 27 juillet 1849.

RÉPLIQUE DE M. ODILON BARROT.

M. ODILON BARROT. Le tribunal me permettra sans doute d'ajouter quelques observations à ma plaidoirie.

Je ne reviens pas sur l'interprétation du décret du 22 janvier et sur l'obligation du silence qui en dérive, selon le ministère public. Nous ne sommes pas d'accord avec lui sur le caractère de ce décret; par conséquent nous ne pouvons pas l'être sur le devoir du silence qu'il impose.

Au reste, juge ou législateur, si le Président s'est attribué le droit de disposer de notre patrimoine, notre droit, à nous, c'est de le défendre par notre appel à l'opinion et à la justice régulière du pays ; et ce droit est un devoir sacré quand il s'applique à la mémoire d'un père, à l'honneur de sa mémoire. Notre droit n'a d'autre limite que celle du respect pour la justice et la vérité; nous ne parlons pas de la force, avec celle-là on ne raisonne pas.

Vous dites que la loi contre le colportage nous est applicable, par cela seul qu'on a remis des écrits à un colporteur. Avez-vous bien réfléchi à la portée immense que vous donnez à cette loi, au pas que vous lui faites franchir? Voulez-vous donc que, désormais, toutes les fois que des écrits seront remis à un agent de distribution, et sous peine de tomber sous le coup de la pénalité correctionnelle, on lui demande de produire son autorisation, on discute avec lui la distinction de l'autorisation tacite et de l'autorisation expresse? Et parce que mon client a eu la confiance de croire que l'entrepreneur était en règle, il a commis un délit? Mais vous placez le délit non plus dans le fait de la distribution, mais dans celui de la remise au distributeur. C'est ainsi que vous interprétez une loi faite seulement pour atteindre un commerce dangereux. Vous l'étendez aux faits les plus étrangers à toute complicité dans ce commerce. Voilà une personne qui remet, sur l'insistance d'un distributeur qui se dit autorisé, l'écrit le plus honnête, le plus légitime, le plus accessoire, et vous voulez faire ressortir un délit du simple fait de cette remise! Il faut donc ajouter à la loi, la refaire, et dire : Ceux qui remettront à un colporteur seront punis.

Vous nous parlez aussi de deux complicités : pour moi, je n'en connais qu'une, c'est celle que définit l'article 60; et le principe c'est qu'il n'y a pas de complicité là où le complice prétendu n'a pas concouru sciemment au délit. Ainsi se présente la conduite de mon client : elle dépose de sa bonne foi et de sa confiance dans l'assurance que lui donne l'entrepreneur de son droit; il n'y a pas, il ne peut pas y avoir de complicité; il est impossible de trouver un texte de loi, un monument de jurisprudence quelconque qui autorise à faire résulter la complicité, en l'absence de cet élément, du concours consciencieux dans le crime ou dans le délit.

La prévention a senti qu'elle pourrait bien être menacée de ce côté, si elle se trouvait réduite au fait simple de la remise de quinze cents exemplaires à la maison Bidault, qui, sous les yeux de la police, distribue depuis vingt ans, non pas seulement des prospectus, mais des circulaires électorales, des professions de foi de candidats; aussi le ministère public s'est efforcé de déplacer la question; il lui a choisi un nouveau terrain; permettez-moi de l'y suivre.

Je ne m'attendais pas que la prévention voyagerait ainsi, et qu'au lieu de se borner au fait sur lequel les trois prévenus ont été interrogés, elle s'attaquerait particulièrement à la lettre autographiée des Princes, qu'elle s'emparerait de l'aveu loyal de mon client qu'il aurait antérieurement concouru à la distribution de l'un de ces écrits. Vous êtes-vous enquis du mode de distribution? L'instruction a-t-elle porté sur ce fait et ces circonstances? Quand le juge d'instruction a interrogé mon client, pourquoi ne lui a-t-il pas demandé quand et comment il avait concouru à cette distribution? On n'improvise pas une prévention nouvelle à l'audience sur des actes en dehors de la prévention régulière. Nous aurions, si la prévention eût été étendue au fait, répondu : Oui ! ces lettres ont été distribuées ; elles ont reçu une espèce de demi-publicité ; savez-vous comment? Par la poste. Entendez-vous? Incriminez ce fait-là, si vous ne vous soumettez pas à l'autorité de la Cour de cassation ; emparez-vous donc de notre aveu. Quoi ! vous prenez un aveu fait en toute loyauté, et, sans demander dans quelles circonstances la distribution a eu lieu, vous dites : Voilà le délit, il n'est plus là, il est ici. Eh bien ! nous disons, nous, qui n'aurions pas même à nous expliquer sur un fait qui n'a pas été l'objet de la prévention, c'est la poste qui a distribué la lettre des Princes, ce n'est plus l'entreprise Bidault ; ces lettres ont été tout bonnement mises sous enveloppe et confiées à la poste.

Maintenant, vous suivrai-je dans ce détail sur lequel non plus les interrogatoires réguliers n'ont pas porté ! M. Bocher se trouve entre les mains des agents de police ; il demande la faveur d'aller avertir sa femme qui est restée dans sa voiture ; les agents l'accompagnent, et, dans un excès de zèle, ouvrent cette voiture ; ils aperçoivent et saisissent sur les genoux de madame Bocher quelques exemplaires de l'écrit que vous connaissez, et c'est dans ce fait que vous placeriez le délit de colportage ? Le siège du délit en l'intérieur d'une voiture? Mais vous avez donc demandé, vous avez donc su ce que M. Bocher entendait faire de ces écrits ; voulait-il les remettre à la poste ou à M. Bidault ? Y a-t-il eu là-dessus une instruction ? Non ! et le tribunal ne peut pas étendre sa justice sur ce nouvel élément pris dans l'intimité domestique elle-même.

Laissez la cause à ses éléments, tels qu'ils résultent de l'instruction, à cette question purement légale de savoir où commencent le colportage et la responsabilité du fait de la distribution ; si, quand il n'y a pas complicité, on peut voir le colportage dans le simple fait de la remise à un distributeur qui se dit autorisé.

Là est la question ; elle vaut la peine d'être examinée ; elle le sera avec cette hauteur de vues qui caractérise le tribunal ; mais, pour Dieu ! n'allons pas chercher le délit dans la voiture de M. Bocher, ni dans un incident qu'il avoue lui-même, mais qu'il explique.

Quant à la question de l'application de l'article 283, je croyais m'être assez catégoriquement expliqué pour être compris.

J'avais cité l'article 284 pour faire comprendre que l'article 283 ne peut s'appliquer qu'à des ouvrages imprimés en France, chez des imprimeurs français, placés sous la juridiction, sous l'action de la loi française, et, pour en donner une preuve, je lisais un article 284 qui réduit à des peines de simple police les peines portées dans l'article 283, quand le distributeur désigne le nom de l'imprimeur. Vous ne direz pas que les écrits n'ont pas de nom d'auteur : ils sont signés Dupin, Montalivet, Laplagne-Barris, Scribe, de Montmorency. Voilà des noms, voilà des garanties ! Quant à l'imprimeur, nous avons dit qu'il était à l'étranger, et, à moins que vous ne disiez que toutes les fois qu'un écrit imprimé à l'étranger entrera en France, il faut, pour qu'il soit publié, le faire réimprimer en France par un imprimeur français, qui en porte la responsabilité, l'article 283 n'est pas applicable. Mais vous n'allez pas jusque-là ; vous jetteriez le trouble dans les transactions commerciales des peuples ; vous détruiriez le commerce international de l'imprimerie et de la librairie ; vous rendriez impossible toute introduction d'un livre en France, au moment où le Gouvernement signe des traités avec toutes les puissances, pour favoriser le commerce et l'échange des livres entre la France et les nations qui l'entourent.

La condition dans laquelle nous nous trouvons est celle d'un livre étranger qui pénètre en France sans imprimeur responsable, parce qu'il est hors de l'action de la loi. Vous ne m'avez pas demandé le nom de l'imprimeur, parce que vous saviez que les écrits avaient été imprimés à l'étranger ; c'eût été une question oiseuse, vous nous l'avez épargnée.

Mais il ne faut pas confondre le droit des gens avec le droit civil; il ne faut pas voir une question de police municipale intérieure là où il n'y a qu'une question de douane; mais cette erreur (se tournant vers M. le Substitut), pour un esprit aussi élévé, sitôt qu'elle lui est soumise, doit s'évanouir: les ouvrages imprimés à l'étranger, appartenant au droit international, sont réglés par des conventions, par des conditions consignées dans les traités qui interviennent de peuple à peuple.

Vous avez le droit d'empêcher toute introduction de livres étrangers que vous jugez dangereux; c'est un droit général, absolu, qui existe au profit de toute souveraineté, à moins qu'il n'y ait eu abandon ou modification de ce droit par un traité. En conséquence, les écrits imprimés à l'étranger ne tombent plus sous le coup de la loi civile, ils sont réglés en vertu de toute autre considération, en vue de tous autres intérêts que ceux qui régissent les rapports de l'imprimerie française avec le Gouvernement français.

Messieurs, après avoir examiné, avec toute l'attention que vous apportez habituellement dans tous vos jugemens, ces questions qui ont leur gravité, en dehors même du procès actuel, car elles sont destinées à pousser la jurisprudence plus avant dans une voie où déjà elle est bien avancée, et à résoudre la question de l'imprimerie étrangère, qui se rattache à des intérêts supérieurs; indépendamment de ces questions, qui ont une haute portée, je ne saurais trop vous renouveler cette prière que je vous adressais il y a un instant : c'est après avoir jugé la légalité du fait avec toute la rigueur du droit, de juger la moralité du fait avec vos consciences d'hommes de bien; que si, contre mon attente, vous vous regardiez comme rigoureusement enchaînés, et douloureusement entraînés par le texte de la loi, à punir, n'oubliez pas qu'à côté de l'irrégularité de la publication, était le droit impérieux de la défense, et que le délit se trouve, dans la cause, tellement identifié au devoir, l'infraction à la nécessité, qu'il est difficile de frapper l'un sans atteindre d'un même coup l'autre. C'est pourquoi j'ose espérer que vous useriez, même en cas de condamnation, de la latitude que vous laisse la loi ; l'article 463 y a été inséré expressément et comme pour en tempérer la rigueur; c'est tout à la fois pour vous, Messieurs, un avertissement dont vous n'aviez pas besoin et une faculté équitable dont vous seriez heureux d'user, au cas de condamnation, puisqu'elle vous permettrait, après avoir fait la part des nécessités de la répression, de faire aussi celle du devoir. (*Sensation*).

Après deux heures de délibération, le tribunal a repris l'audience et statué en ces termes :

« En droit,

« Attendu qu'aux termes de l'article 6 de la loi du 27 juillet 1849, tout distributeur d'écrits doit être pourvu d'une autorisation, délivrée, pour Paris, par le préfet de police, et pour les départements, par les préfets ;

« Attendu que les termes de cet article sont généraux et absolus, et s'appliquent à toute espèce de distribution, même à la distribution accidentelle ;

« Attendu que celui qui remet les écrits pour les distribuer s'est assimilé au distributeur lui-même.

« Attendu que l'article 283 du Code pénal punit ceux qui contribuent sciemment à la publication ou à la distribution d'écrits sur lesquels ne se trouve pas l'indication des nom et demeure de l'imprimeur ;

« Attendu que cet article contient des dispositions d'ordre public et d'intérêt général, qui doivent s'appliquer également aux écrits imprimés en France, comme à ceux imprimés à l'étranger:

« En fait,

« Attendu qu'il résulte de l'instruction et des débats qu'en février dernier Bocher a remis à Malzy, employé de la maison Bidault, pour être distribués, un certain nombre d'exemplaires d'écrits imprimés intitulés : « Faits à l'appui de la défense du droit de propriété contre les décrets du 22 janvier 1852 ; » le second : « Les exécuteurs testamentaires du feu roi Louis-Philippe, au Prince-Président de la République ; » le troisième : « A Messieurs les exécuteurs testamentaires du feu roi Louis-Philippe ; »

« Attendu qu'il est constant que ces écrits ont été distribués ;

« Attendu que Bocher, qui n'était pas autorisé à en faire la distribution, en remettant à la maison Bidault, qui elle-même n'était pas autorisée, les exemplaires qui ont été distribués, s'est associé au fait de cette distribution ; qu'au surplus, il ressort des circonstances de la cause qu'il a lui-même distribué plusieurs exemplaires de ces mêmes écrits ;

« Attendu que si Bocher n'a eu de rapports qu'avec Malzy, il n'en est pas moins certain que Dubief, directeur-gérant de la dite maison, a nécessairement coopéré à la distribution, qui ne pouvait avoir lieu sans ses ordres ;

« Attendu qu'il est en outre établi que les dits écrits, à la distribution desquels Bocher, Dubief et Malzy ont contribué, ne portent pas les nom et demeure de l'imprimeur ;

« Qu'ainsi, en distribuant sans autorisation des écrits imprimés, sur lesquels ils savaient que les nom et demeure de l'imprimeur ne se trouvaient pas, Bocher, Dubief et Malzy ont contrevenu aux dispositions de l'article 6 de la loi du 27 juillet 1849 et de l'article 283 du Code pénal ;

« Attendu que l'article 6 de la loi du 27 juillet 1849 prononce la peine la plus forte et doit seul être appliqué ;

« Vu le dit article, ensemble l'article 463 du Code pénal;

« Condamne Bocher à 500 francs d'amende, Dubief et Malzy chacun à 150 francs d'amende, les condamne solidairement aux dépens;

« Ordonne, en conséquence, que Bocher sera mis en liberté s'il n'est détenu pour autre cause. »

(Quelques applaudissements se font entendre, mais sont aussitôt réprimés par respect pour la justice.)

L'audience est levée à six heures.

COUR D'APPEL DE PARIS

(CHAMBRE DES APPELS DE POLICE CORRECTIONNELLE).

Audience du 18 mars 1852.

PRÉSIDENCE DE M. FÉREY.

Par suite de l'appel *a minima* interjeté par le ministère public et de l'appel formé par les parties elles-mêmes, l'affaire Bocher, Dubief et Malzy revenait aujourd'hui devant la chambre des appels de police correctionnelle de la cour d'appel de Paris.

L'affluence n'est pas moindre qu'aux débats de première instance.

Au banc de la défense sont, avec l'avoué de la cause, Me Odilon Barrot, avocat de M. Bocher, et Me Allou, avocat de MM. Dubief et Malzy.

La cour est composée de MM. Férey, président; Mourre, Lamy, Barbou, Bresson, de Vergès et Anspach, conseillers.

Le siège du ministère public est occupé par M. Mongis, avocat général.

Ce n'est que vers midi, et après l'expédition de plusieurs appels de police correctionnelle, que l'affaire est appelée.

M. Bocher paraît à la barre avec ses deux co-prénevenus.

Tous les trois, sur l'interpellation de M. le Président, donnent successivement leurs noms, professions et adresses.

M. DEVERGES, l'un des conseillers, présente à la Cour le rapport de l'affaire.

M. LE PRÉSIDENT. Monsieur Bocher, avez-vous des explications à donner avant que votre défenseur prenne la parole?

M BOCHER. Je voudrais, si vous le permettez, Monsieur le Président.....

M. LE PRÉSIDENT. C'est sur les faits que je vous demande si vous avez des explications à donner. Le moment n'est pas encore venu de présenter votre défense, attendu que c'est M. l'avocat général qui prendra la parole le premier comme appelant principal.

M. BOCHER. Je ne puis que m'en rapporter, pour traiter le point de droit, à l'honorable défenseur qui a bien voulu me prêter l'appui de son talent. Quant aux faits, si la Cour veut que je lui donne des explications.....

M. LE PRÉSIDENT. Je ne sais si vous me comprenez bien. Il ne s'agit pas dans ce moment d'expliquer les faits du procès dans votre intérêt. Je vous demande seulement si vous auriez des explications à donner sur les faits qui ont été constatés par le commissaire de police.

M. BOCHER. Nullement, Monsieur le Président.

(MM. Malzy et Dubief, à qui une semblable question est adressée, font la même réponse.)

M. le Président adresse à l'auditoire la recommandation de s'abstenir de toute manifestation approbative ou improbative.

La parole est donnée à M. l'avocat général.

M. l'avocat général s'assied.

MM. Bocher et Odilon Barrot se lèvent en même temps pour prendre la parole.

M. LE PRÉSIDENT. Je vois que M. Bocher se lève en même temps que M. Barrot.

J'engage le prévenu et son défenseur à s'entendre pour l'ordre dans lequel ils doivent parler.

M. ODILON BARROT. Je laisse mon client présenter ses observations à la Cour.

DISCOURS DE M BOCHER.

M. BOCHER. Monsieur le Président, et Messieurs de la Cour,

J'étais décidé à ne pas profiter de la permission que la Cour a daigné m'offrir, et à laisser mon défenseur parler seul. Mais M. l'avocat général a été bien sévère pour moi dans son langage. Il a blâmé mon dévouement, il m'a reproché d'avoir été en contradiction avec moi-même dans mes déclarations devant les premiers juges ; enfin il m'a accusé de mauvaise foi.

Or, sur ce point, Messieurs, ma conscience est si à l'aise, et je la sens si pleinement rassurée, qu'il m'est difficile de croire que la vôtre ne me sera pas plus indulgente, quant vous aurez entendu les quelques explications où je suis forcé d'entrer.

M. l'avocat général trouve mon dévouement excessif. Hélas ! il me semble à moi bien insuffisant pour ceux auxquels je le consacre. Mais, quel qu'il soit, quand ce dévouement ne se donne qu'à l'absence et au malheur, quand il ne demande rien au pouvoir du jour, quand on ne s'en glorifie que lorsqu'il peut y avoir quelque péril à le faire, quand enfin il a pour effet d'amener à cette barre celui qui s'en est rendu coupable, peut-être mérite-t-il, même quand on le veut punir, qu'on en parle au moins avec plus d'égards. (*Sensation.*)

Quant au reproche de contradiction et de mauvaise foi, ma réponse sera bien simple. La Cour la trouvera, si elle veut bien s'y reporter, dans les procès-verbaux mêmes des interrogatoires reçus par M. le juge d'instruction. Ce que j'ai déclaré devant ce magistrat, ce que j'ai répété devant le tribunal correctionnel, le témoignage des deux prévenus qui siègent à côté de moi sur ce banc l'a pleinement confirmé. Non, il n'est pas vrai que j'aie voulu tromper MM. Dubief et Malzy, en leur laissant ignorer la nature des écrits dont je leur confiais la distribution.

Ce qui est vrai, c'est que je me suis adressé à l'agent d'une de ces entreprises connues de tout Paris, dont les bureaux sont ouverts à tout le monde, dont l'industrie s'exploite au grand jour, dont les employés circulent librement dans les rues ; ce qui est vrai, c'est que je n'ai traité avec cet agent qu'au prix ordinaire de ses tarifs, sans conditions secrètes ni particulières, après l'avoir averti qu'il s'agissait d'écrits pouvant avoir un caractère politique, sur sa déclaration répétée qu'il était autorisé à distribuer des imprimés de toute espèce, et enfin sur sa demande de se charger lui-même des enveloppes, du pliage, et de l'envoi. M. Malzy n'ignorait donc pas la nature de la distribution dont il se chargeait et qu'il m'avait provoqué à lui confier. Il était de bonne foi assurément ; mais si l'un de nous deux a été trompé, ce n'est pas lui.

La vérité une fois rétablie sur ce fait, qui était essentiel, si la Cour m'y autorise, j'irai plus loin, et puisque M. l'avocat-général, considérant sans doute la loi comme à peu près désintéressée dans cette nouvelle poursuite, après l'entière satisfaction que lui a donnée le Tribunal correctionnel, a principalement insisté sur les circonstances mêmes de l'affaire et sur l'appréciation que le premier juge en a faite, à mon tour je reviendrai sur ces circonstances.

Les princes de la maison d'Orléans sont, depuis quatre années, comme Français, dépouillés de l'exercice de leurs droits ; comme propriétaires, privés de la jouissance de leurs biens, et comme pères de famille, condamnés à élever leurs enfants loin de ce pays, qui est le leur, et qui n'a connu d'eux que des services.

Je suis leur mandataire, et leur bonté m'autorise peut-être à ajouter, leur ami.

C'est un grand honneur, Messieurs, en même temps qu'une

grande responsabilité. Croyez-vous que celui qui en est investi puisse assez faire pour s'en rendre digne? Et ai-je trop fait?

Ma mission consiste à assurer l'exact accomplissement des obligations contractées par le feu Roi envers ses nombreux créanciers, à veiller au paiement des pensions et de secours qu'il a laissés à ses anciens serviteurs, à gérer une succession dont les revenus seront pendant dix ans encore presque entièrement absorbés par les charges.

Cette mission est purement administrative. Je ne crois pas en avoir méconnu le caractère, ni transgressé les devoirs ; et si jamais, jusqu'au 23 janvier, le Gouvernement n'a eu à s'inquiéter ni à s'occuper même d'un seul de nos actes, je demande à la loyauté du ministère public, qui doit le savoir, de le déclarer.

Le 23 janvier, au lendemain d'une révolution qui s'était accomplie pour préserver tous les intérêts, pour faire respecter tous les droits, ceux qui méritaient entre tous une protection particulière, furent violemment frappés.

Que la cour daigne se reporter par la pensée à deux mois en arrière, et se demander ce que je dus éprouver alors, et ce que je dus faire.

Si les décrets n'avaient soulevé contre les princes propriétaires qu'une question de revendication de biens, que cette revendication eût été portée devant la justice du pays, à son heure et dans la forme ordinaire, nous nous serions tus ; sûrs de votre impartialité, confiants dans notre bon droit, nous aurions attendu patiemment le moment de paraître devant vous.

Mais ces décrets soulevaient une question d'honneur pour les fils du Roi. Ils avaient dénoncé à l'opinion publique la fraude de leur donateur!

C'était notre devoir de parler devant ce tribunal de l'opinion, le seul dont on prétendait ne pas nous fermer l'accès ; c'était notre droit, le plus sacré, le plus incontesté de tous les droits, celui de légitime défense: nous avons demandé à l'exercer.

Il faut rappeler, car toute la cause est là, avec quelle obstination il nous a été refusé, et comment, pendant près de deux mois, lorsque les journaux, les brochures, les pamphlets autorisés contre nous, dénaturaient l'histoire et les lois, méconnaissaient les actes les plus récents, les engagements les plus solennels du gouvernement actuel lui-même, nous n'avons pas eu la faculté de rectifier un fait, de contredire une assertion, de produire une justification, une preuve.

Certes, ce n'est pas de prime-abord, ni volontairement, que nous avons eu recours aux moyens qu'on nous a reprochés, après nous les avoir rendus nécessaires. Voici les circonstances et les actes.

Deux documents, connus de tous aujourd'hui, avaient été adressés à M. le Président de la République, le 24 et le 26 janvier. L'un est la remontrance respectueuse du magistrat qui parle au nom de l'éternelle justice, et qui, pour ne point participer, pour ne point assister à la violation de la loi dont il est le premier défenseur, se résigne à descendre de son siége; l'autre est le simple exposé des faits et des principes présenté au Chef de l'État, pour invoquer sa justice, par les dépositaires des dernières volontés du Roi, dans l'intérêt de sa famille dont on brise tous les titres, dont on anéantit tous les contrats.

On n'a pas craint d'injurier les hommes qui ont si dignement rempli un devoir si honorable, et de leur contester, parce qu'ils sont vos collègues, jusqu'au droit de mériter la confiance d'un mourant, et de donner aux intérêts de ses enfants leurs soins dévoués et désintéressés. J'ajouterais à l'injure, Messieurs, si je croyais nécessaire de les justifier devant vous.

Quant à moi, j'ai pensé que ces deux documents étaient la meilleure, la plus légitime réponse aux attaques dont nous étions l'objet; j'ai demandé l'autorisation de les publier : à deux reprises différentes elle m'a été refusée.

Ce n'est pas tout.

J'avais appelé au secours de mon insuffisance, les membres les plus considérables du barreau de Paris; j'avais soumis à leur

examen, dans un *Mémoire à consulter*, les principales questions que soulèvent les décrets du 22 janvier; j'ai demandé l'autorisation de publier ce mémoire, elle m'a été refusée.

Ce n'est pas tout encore :

La *Consultation* de ces avocats, cette œuvre si modérée, cette discussion à la fois si savante et si simple, à laquelle on ne peut reprocher que d'avoir trop raison, la censure en a refusé l'impression.

Et cependant le *Moniteur*, et, après lui, tous les journaux, avaient rendu public l'outrage des considérants du décret.

La *Patrie*, dans son numéro du 27 janvier, la *Gazette de France* dans une série d'articles, d'autres feuilles ministérielles, à Paris et dans les départements, propageaient partout l'erreur et la calomnie.

Tout était permis à l'agression, rien à la défense.

Je ne veux pas abuser de l'indulgence de la cour, en faisant appel à la passion; mais je peux demander à ceux qui vont me juger, je pourrais demander à l'organe du ministère public lui-même, si c'est bien là de la justice, si c'est là de l'équité, si c'est même de la politique, et si l'on doit donner le nom de lois à de pareilles rigueurs.

M. LE PRÉSIDENT. Parlez de la question.

M. BOCHER. Oui, Monsieur le Président.

Tous les moyens de contradiction nous étaient donc interdits, toutes les voies de la publicité régulière nous étaient fermées; c'est alors seulement qu'on a eu recours à la presse étrangère.

Les deux écrits dont j'ai parlé plus haut, un extrait du rapport de l'honorable M. Berryer à la Constituante, et la lettre des Princes, ont été imprimés au dehors. Ils ont été introduits en France, où déjà, il ne faut pas l'oublier, les journaux étrangers, dont certains sont écrits en français, les avaient fait connaître, puis adressés dans les départements par la voie ordinaire de la poste, puis enfin distribués au nombre de quinze cents exemplaires dans Paris.

C'est là mon fait personnel.

Maintenant, ai-je contrevenu en cela aux termes, et surtout à l'esprit de la loi de 1849? Ai-je bien été, même accidentellement, un colporteur, lorsque c'est précisément pour me dispenser d'en faire moi-même l'office, que j'en ai chargé publiquement un colporteur public et patenté? Je me permets d'en douter, malgré le jugement du tribunal de première instance qui m'a condamné.

Ai-je contrevenu aux dispositions de l'art. 283 du Code pénal, d'après lequel tout écrit, pour être distribué régulièrement, doit porter l'indication des noms de l'auteur ou de l'imprimeur? J'en doute encore, car ceux que j'ai distribués portaient des noms suffisamment connus, deux entre autres, Louis et François d'Orléans!...... élevant la voix pour la première fois depuis quatre ans, du fond de leur exil, non pour troubler le repos de la patrie, mais pour protéger la tombe de leur père!

C'est à la Cour de prononcer! Quelle que soit sa décision, je m'incline d'avance devant elle, sans vouloir m'en plaindre, et permettez-moi d'ajouter, sans pouvoir en souffrir (*mouvement*); car lorsqu'on est soumis, comme je le suis, à de si douloureuses épreuves; lorsqu'on est depuis tant de jours, non pour soi-même, mais pour d'autres, aux prises avec l'arbitraire et la violence; lorsqu'on a souffert si cruellement dans ce qu'on aime, dans ce qu'on honore, rien ne peut ajouter à l'amertume dont le cœur est rempli. Et maintenant, ce qui me viendra de vous, Messieurs, de vous qui êtes la justice régulière de mon pays, sera pour moi un objet de respect, et peut-être une consolation.

(*Rumeur approbative et sympathique dans l'auditoire*).

PLAIDOIRIE DE Me ODILON-BARROT.

Me ODILON-BARROT. Messieurs de la cour, j'ai prêté une attention religieuse aux paroles de M. l'avocat général.

Il a parlé avec une bien grande franchise. J'en ai été presque effrayé, et si je le suivais sur le terrain qu'il a ouvert devant moi, vous m'arrêteriez, Messieurs, vous devriez m'arrêter. Si j'examinais les questions politiques qu'il a soulevées, les apologies qu'il vous a présentées, le décret qui dépouille les mandants de mon client, vous vous écrieriez : « Cela n'est pas la cause, « même pour la défense ! »

Qu'est-ce donc pour l'accusation? Je vous le laisse à juger.

Quant à moi, j'ai la mission heureuse, non pas d'étendre, mais de restreindre le cadre de la discussion de M. l'avocat général ; je ne demanderai compte avec lui au Gouvernement qui existe et que nous devons respecter, j'en conviens, ni de son origine, ni de ses actes. Je n'essaierai pas, non je ne commettrai pas cette imprudence avec lui, de rechercher si, dans les élections, dans la nomination de l'assemblée législative, il y a ou non une nouvelle sanction donnée à tel ou tel acte spécial du pouvoir, s'il y a ou non une solidarité morale et politique entre les sept millions cinq cent mille suffrages et les décrets du 22 janvier!....

C'est bien imprudent de nous appeler sur ce terrain-là.

Je ne répondrai pas à cette provocation. Je ne suivrai pas M. l'avocat général dans ce débat politique, je ne m'y sentirais pas libre.

J'examine la cause en elle-même.

Elle a eu d'étranges vicissitudes, cette cause.

D'abord, et par la publication d'un article *communiqué* dans des journaux accrédités, répété itérativement dans la presse comme pour bien marquer son caractère officiel, le Gouvernement annonçait une vaste conspiration, une propagande d'écrits hostiles et séditieux. — Le mot y est. — Et puis on disait qu'on avait mis la main sur l'agent de ce complot, de cette propagande, que cet agent était un ancien législateur qui s'était abaissé jusqu'à se constituer le colporteur de ces écrits. On justifiait ainsi le procès et l'arrestation préventive.

Devant les premiers juges, Messieurs, la cause a perdu cette gravité. On a avoué avec une loyauté que je me plais à reconnaître, qu'il ne s'agissait pas d'écrits séditieux; cette incrimination a été écartée de la cause. Il n'y est resté que la contravention en elle-même.

Il y a plus, on n'a pas même reconnu à ces écrits le caractère d'écrits politiques. On les a laissés pour ce qu'ils sont réellement : pour des écrits défensifs dans un grand litige engagé.

C'est ce qui explique l'omission prétendue du chef de prévention pour défaut de DÉPOT *préalable*, dont M. l'avocat général s'est plaint : du moment que, dans sa loyauté, le ministère public ne reconnaissait plus aux écrits le caractère politique, mais seulement ce caractère dominant d'écrits défensifs dans un litige intéressant la propriété, il n'y avait pas lieu à comprendre dans la prévention la contravention résultant du défaut de dépôt, puisque le dépôt préalable n'est exigé que pour les *écrits politiques.*

Comment se fait-il donc, Messieurs, qu'aujourd'hui, devant vous, on reprenne cette accusation d'écrits séditieux ? N'est-ce pas dénaturer la cause ?

Vous nous parlez de générosité. Peut-on être généreux aux dépens de la loi ? S'il est vrai qu'il y ait eu des provocations hostiles, s'il est vrai que nous soyons sous le coup de l'inculpation de délits d'offense, ou d'outrage, ou de provocation, faites votre devoir ; que si, au contraire, vous vous êtes arrêté devant le caractère vrai de ces écrits, si vous ne leur avez pas même reconnu le caractère d'écrits politiques, si vous les avez laissés dans leur vrai et légitime caractère d'écrits purement défensifs, alors renfermez-vous dans les éléments constitutifs de la prévention, et ne venez pas nous parler de votre générosité. Vous n'auriez pas le droit d'être généreux si vous étiez en face du délit que vous supposez.

Depuis la décision des premiers juges, elle a encore perdu de sa gravité On voulait alors enchaîner, prévenir toute discussion.... je me trompe, toute discussion contradictoire ; car au moment même où l'on nous interdisait de publier même une consultation, on donnait toute facilité, toute permission, toute latitude aux attaques les plus odieuses. On en inondait le pays, on cherchait à dégrader ainsi, dans l'opinion publique cette famille, en même temps qu'on la dépouillait par les décrets du 22 janvier.

Cet état de choses a changé. Mais, loin de permettre d'en tirer argument par notre défense, on s'en fait un argument contre nous ; et de ce que le pouvoir, renonçant désormais à enchaîner la défense après avoir permis l'attaque, semble enfin appeler la contradiction devant le tribunal de l'opinion publique, on nous dit : « Pourquoi n'avez-vous pas deviné, lorsque la censure vous opposait ses refus réitérés, lorsque tous les imprimeurs, frappés de terreur, refusaient leurs presses, pourquoi n'avez-vous pas deviné qu'il viendrait peut-être un moment où la publication pourrait être permise, où, à la grande surprise de tous, *le Constitutionnel* s'emparerait des documents pour lesquels vous êtes poursuivi, et, avec la permission de l'autorité, leur donnerait la publicité de ses colonnes ?

Messieurs, j'en demande mille pardons, cela n'est pas sérieux.

Il m'est permis de croire, après les refus formels qui nous avaient été opposés par le pouvoir, que si, aujourd'hui, on nous permet la publicité, nous le devons un peu à nos propres efforts : on s'est découragé de cette lutte immorale où l'attaque était seule libre, lorsque la défense était enchaînée : c'est en voyant que la contradiction devenait le besoin en quelque sorte de la conscience publique ; c'est sous la pression de ce sentiment pénible et douloureux que, ce monologue d'une seule des parties faisait éprouver au public, qu'enfin on a permis la contradiction.

Et vous vous faites une arme contre nous de ce que nous avons forcé la publicité, de ce que, par notre persévérance dans une lutte inégale, en déjouant les précautions d'une police toute-puissante, en échappant au bâillonnement de la censure la plus absolue, nous sommes parvenus à infiltrer dans le public assez de vérités pour que le pouvoir désespère de l'étouffer, et que, ne pouvant conserver le bénéfice, il soit forcé de renoncer à l'odieux de son monologue! Aujourd'hui enfin que les barrières sont tombées et que le champ de la contradiction est ouvert, vous avez le courage de nous imputer à crime ce résultat, qui était le but, mais qui est aussi la récompense et la justification de nos efforts!

Messieurs, je croyais, au contraire, qu'il y avait là une considération décisive pour nous; je croyais que vous y puiseriez cette impression, qui est la mienne, que vraiment le procès actuel n'a plus de signification, que s'il en avait une alors que le pouvoir était résolu à empêcher par tous les moyens possibles toute transpiration, pour ainsi dire, de la défense, aujourd'hui qu'il permet la défense, qu'il lui laisse un libre cours à la seule condition de se renfermer dans les limites de la modération et de la vérité, il n'y a vraiment plus de cause aux rigueurs de la poursuite.

Au moins, elle perd l'importance politique et de sûreté publique qu'elle pouvait avoir devant les premiers juges; et si les premiers juges, en face même de l'interdiction de toute publicité, ont cependant vu des circonstances atténuantes, que sera-ce de la cour devant qui l'accusation en est réduite à incriminer une publication dont les organes les plus accrédités du pouvoir se rendent aujourd'hui coupables sous ses yeux, et, je suis autorisé à le dire, avec son assentiment, au moins tacite.

Une autre considération a été rattachée à la cause par le ministère public, et j'ai hâte d'y répondre.

Pourquoi, nous dit-on, n'attendiez-vous pas des juges? Quand vous serez devant la justice, il sera bien temps de faire entendre votre défense.

Messieurs, je n'examine point si, même avant que la justice régulière du pays fût saisie, le Gouvernement ne s'était pas hâté, par tous les organes de certaine publicité, de chercher à pervertir l'opinion, et s'il n'y avait pas dès-lors un droit acquis pour mon client de rectifier les erreurs et de repousser les injures. — Mais je demande à M. l'avocat-général de me permettre de lui dire que je serais heureux de pouvoir prendre acte de ses paroles, et qu'il pût se dire autorisé à nous affirmer que le bénéfice de la justice commune et régulière du pays nous est assuré Oh ! je m'arrêterais à l'instant, Messieurs, et je ne croirais pas que mon client aurait acheté trop cher une telle certitude par les tribulations qu'il a traversées.

Mais si M. l'avocat-général n'a pas cette certitude, et il est trop consciencieux pour la prendre sous sa responsabilité, en face des déclarations contenues dans des actes qu'il connaît bien ; s'il n'a pas cette certitude, est-il bien venu à nous reprocher de n'avoir pas attendu un jour qui peut ne jamais arriver pour nous !

En attendant que la discussion devant la justice nous soit permise, — et j'espère qu'elle nous le sera, quoique je ne sois pas aussi affirmatif, à mon grand regret, sur ce point, que M. l'avocat général l'a été ; — en attendant, il y a une opinion publique que le pouvoir lui-même reconnaît être un juge aussi : il a entamé le débat devant ce juge, il nous permet de l'y suivre, et nous n'y manquerons pas.

Dans une brochure publiée, non pas à vingt-deux mille exemplaires, — chiffre dont on s'est fait une arme contre nous, — mais par cent mille exemplaires, et qui, dans ce moment-ci, est entre les mains de toute la population de nos campagnes, qui en sont inondées, la distribution se faisant par tous les agents quelconques de l'autorité ; — dans cette publication, qui n'est cependant pas même revêtue du timbre légal, mais qui, quoique anonyme, présente le caractère officiel, puisqu'on y parle au nom du Gouvernement; dans cette publication, dis-je, sur la portée de laquelle je ne puis pas me faire un seul instant illusion, je lis ces mots : « Il est surprenant que des magistrats éminents, des jurisconsultes graves, parlent de faire apprécier par les tribunaux la valeur d'un acte du chef de l'État dans la plénitude de sa puissance. »

Et à côté de cette déclaration :

« Pour empêcher *l'opinion publique de se méprendre* sur la « *légalité d'un décret* que de *hautes* considérations *motivent* « *suffisamment*, il convient de, etc.... »

Voilà donc la position établie : quant au recours à la justice, des espérances peuvent se concevoir, mais des résistances avouées du côté du pouvoir, et pas de certitude. Quant à la publicité, dans l'état des choses, débat ouvert par le pouvoir lui-même devant l'opinion publique.

C'est sur ce terrain que nous l'avons suivi; je me trompe, nous l'y avions devancé, et c'est pour cela que mon client est à cette barre.

Lorsque le décret du 22 janvier avait retenti dans toute la France, lorsqu'il y avait causé des émotions diverses, approuvé par les uns, glorifié même par d'autres, comme il vient de l'être par M. l'avocat général, blâmé, réprouvé au contraire, bien près du pouvoir, dans son intimité, malgré les liens de la plus profonde solidarité, d'affection et de dévouement! Et nous qui étions les mandataires de cette famille frappée par le décret, de cette famille exilée et malheureuse qui ne pouvait pas se défendre elle-même, en face de ce décret, nous avions bien, ce me semble, un devoir à remplir.

Demandez-nous si, dans l'accomplissement de ce devoir, nous n'avons pas mis trop de précipitation, si nous n'avons pas fait des choses qui n'étaient pas nécessaires, je le comprends; mais ne nous dites pas que nous sommes coupables, pour l'avoir accompli, de manœuvres factieuses.

De manœuvres factieuses!

N'allez pas reprendre ce que la police elle-même, malgré ses préventions, a eu la loyauté d'abandonner. Ne présentez pas devant une haute cour de justice cette étrange doctrine, que nous sommes responsables, non pas seulement des écrits que vous nous reprochez d'avoir distribués, mais même des autres écrits qui ont été publiés par d'autres, avant nous et sans nous.

J'ai quelque expérience des débats judiciaires, mais, je l'avoue, jamais je n'ai entendu ni vu établir une pareille solidarité, une pareille responsabilité. A chacun ses œuvres, à chacun sa responsabilité. Si tels et tels écrits ont été publiés et distribués avant ou après les nôtres, ces écrits seront jugés par leurs propres juges ; mais quant à M. Bocher, il a le droit de déclarer en honnête homme, et sa parole avait déjà été acceptée, qu'il est étranger à tous ces écrits, qu'il s'est abstenu de toute publication politique, qu'il s'est renfermé strictement, rigoureusement dans la défense, comme mandataire des intérêts d'une famille proscrite, qu'il n'a fait que cela, et rien que cela.

M. l'avocat-général ne met pas en doute cette vérité, et cependant il persiste. Si les publications n'émanent pas de la même source, dit-il, elles ont paru à la suite les unes des autres, cela suffit pour qu'elles s'aggravent les unes par les autres. Étrange doctrine ! Quoi, parce que en Belgique, par exemple, il aura été publié un écrit auquel je suis parfaitement étranger, au moment où en France je m'efforçais de publier nos moyens de défense contre le décret du 22 janvier, par le seul fait de la coïncidence de date, cet écrit viendra aggraver ma position devant la justice et motiver une condamnation plus sévère ! Ce n'est pas là de la justice, ce n'est pas non plus de la morale; car, pas plus en morale qu'en justice, on ne peut étendre la responsabilité d'un fait à un autre fait avec lequel il n'a aucun lien, aucune concordance.

J'avais besoin, Messieurs, de ces observations préliminaires pour dégager la question de tout ce qui y avait été ainsi rattaché. Je rentre dans la cause elle-même, dans ses éléments intrinsèques.

La cour a pu voir, par la date même de notre appel, et je ne crains pas de le confesser, qu'il a été déterminé par celui du ministère public.

Non pas que nous trouvassions que la loi sur le colportage et l'art. 283 du Code pénal eussent été bien appliqués aux faits qui nous étaient reprochés. Non. — Après une étude nouvelle, une étude plus approfondie de la question, je persiste plusque jamais dans l'opinion que j'ai plaidée devant les premiers juges. Mais en subissant avec résignation la décision de première instance, en évitant par cette modération de renouveler un débat qui touche à des matières si brûlantes, nous n'eussions fait que persévérer dans cette ligne de prudence que mon client s'est imposée dans l'accomplissement de son mandat.

L'appel du ministère public nous a forcé de sortir de cette réserve, et de le suivre de nouveau dans l'arène judiciaire ; là même nous tâcherons de rester encore dans les limites d'une déférence respectueuse et pour la justice et pour le pouvoir.

Nous nous proposons d'établir que la loi sur le colportage, ainsi que l'art. 283 du Code pénal, ont été mal appliqués au fait de la prévention. Sur l'appel du ministère public, il me sera facile d'établir subsidiairement qu'en supposant que l'application de la loi, d'après l'absolu de son texte, fût rigoureusement légitime, il était impossible, à moins de rayer de cette loi l'art. 463, de ne pas accorder à mon client le bénéfice de cet article.

Ce sont là les deux points sur lesquels je demande à la cour la permission de lui présenter quelques observations rapides.

Et d'abord, la loi sur le colportage est-elle applicable ?

Je n'ai pas besoin de mettre sous les yeux de la cour le texte de la loi : « Tout distributeur ou colporteur. »

Le tribunal de première instance a déclaré que cette disposition de la loi était applicable au seul fait de la remise d'un écrit à un colporteur, « attendu, » dit le jugement, « que celui qui remet « l'écrit pour le distribuer, *s'assimile* au distributeur lui-même. »

Je prie la cour de remarquer que pas un mot de la complicité n'est dit. La doctrine est ainsi posée dans son absolu. Ce n'est pas seulement le distributeur qui est responsable, c'est même celui qui remet au distributeur l'écrit à distribuer.

Voilà donc bien la doctrine formulée, le principe établi, l'interprétation donnée.

Eh bien ! je crois, Messieurs, que cette interprétation est en dehors des termes et de l'esprit de la loi ; je crois que, dans les termes de la loi, on ne peut pas étendre la responsabilité pénale au-delà des faits mêmes de la distribution, et que, quant à son esprit, ce serait dénaturer le caractère et la portée de la loi, que de lui donner une pareille extension.

En matière de contravention surtout, je reconnais combien est puissant l'argument qui se puise dans la lettre même de la loi. Mais si, par respect pour la lettre même de la loi, on peut être entraîné à des conséquences qui blessent l'équité, au moins ne faut-il pas y ajouter.

Eh bien! s'il eût été dans l'intention du législateur de soumettre à l'autorisation préalable, de la police, non pas seulement le distributeur, celui qui se livre à l'opération matérielle de la distribution, qui se constitue agent matériel de colportage, mais encore celui qui remet à cet agent l'écrit à distribuer, rien n'eût été plus facile au législateur que de le dire ; et au lieu de mettre seulement dans la loi : « Tout distributeur et colporteur, » le législateur aurait mis : « Tous ceux qui distribuent *ou font distribuer.* » Pourquoi ne s'est-il pas exprimé ainsi ? Pourquoi n'a-t-il pas étendu la responsabilité de celui qui distribue à celui qui remet l'écrit ?

Cela se comprend, Messieurs.

Que la cour daigne considérer que la loi ne distingue pas entre tel écrit et tel autre. Ce n'est pas seulement ici l'écrit politique, c'est toute espèce d'écrits, et la jurisprudence a étendu, je crois, cette disposition jusqu'à des médailles ; c'est toute espèce d'écrits distribués sans autorisation préalable, qui est atteinte par la loi.

Eh bien ! je le demande, si vous étendez cette disposition du fait matériel et précis qui peut se constater, qui est facile à rechercher, au fait de la remise de l'écrit au distributeur, n'êtes-vous pas effrayés de l'extension donnée à l'instant même à la loi? n'êtes-vous pas effrayés de ses conséquences sur la pénalité, de la perturbation qu'elle peut apporter dans les actes les plus légitimes, dans les relations les plus innocentes, les plus nécessaires ?

Quel est celui d'entre vous qui est bien sûr que, soit par des lettres de faire part, soit par des lettres d'avis, soit par des circulaires électorales, d'une manière quelconque enfin, il ne s'est pas rendu coupable de colportage pour avoir remis à une entreprise de colportage tel ou tel écrit?

Non, Messieurs, telle n'est pas la loi. Le texte résiste à une telle interprétation, car c'est le fait matériel de colportage qui est soumis à la police; et la nécessité de l'autorisation servirait même à elle seule à le bien caractériser, car elle suppose que le fait se passe en public, dans la rue, devant la police. Or, le fait accidentel de la remise à un distributeur, ce n'est pas là le fait qui se passe au grand jour, sur le pavé des places publiques, qui peut relever de la police! Non, ce n'est pas là le fait puni par la loi. Le fait puni par la loi, c'est le fait de colportage, c'est le fait de la distribution quand il n'y a pas complicité.

Je dis que l'esprit de la loi résiste non moins que le texte.

M. l'avocat général a bien voulu rappeler que la loi de 1849 avait été présentée par moi, et il l'a rappelé dans des termes dont je le remercie, et avec des éloges que je ne mérite certainement pas, à moins qu'ils ne s'adressent à ma bonne foi et à mes bonnes intentions.

Eh bien! oui, je suis bien loin de la désavouer, cette loi; c'est moi qui l'ai présentée avec sa salutaire et nécessaire rigueur.

Je crois que cette loi était un remède nécessaire pour préserver nos campagnes de ce poison qui se répandait dans leur sein, ce commerce qui va de village en village, cachant le poison qu'il y répand sous des marchandises apparentes, pour se soustraire aux investigations de l'autorité. Oui, j'ai voulu éviter ce mal à mon pays. J'avais vu cette généreuse démocratie française sur le  point de se laisser pervertir par ces passions envieuses qui arment les uns contre les autres les enfants d'un même pays, et nous préparaient de graves perturbations. J'ai senti la nécessité d'y mettre un obstacle légal, sous ma responsabilité; moi, vieux libéral, je n'ai pas hésité un seul instant à présenter la loi!

Mais peut-être aussi ai-je le droit, par cela même, ne fût-ce que pour déterminer ma responsabilité, de rappeler ce qu'est cette loi, et de me plaindre toutes les fois qu'on voudra l'étendre au-delà de sa limite et de sa portée.

J'avais apporté *le Moniteur*, pour mettre sous les yeux de la cour le commentaire légal et officiel de cette loi, pris dans ses sources mêmes. Mais la cour se fiera à mes souvenirs, qui sont parfaitement présents et exacts.

Dans le projet de loi tel que j'ai eu l'honneur de le présenter à l'Assemblée Législative, qu'est-ce que je proposais de punir, qu'est-ce que je poursuivais? Mon exposé de motifs le dit de la manière la plus précise. J'assimilais le commerce du colportage, la vente des livres par le colportage au commerce de la librairie ; je demandais qu'on exigeât pour le commerce du colportage le brevet qu'on exige pour le commerce de la librairie, et, comme il n'y a pas dans notre législation de sanction pénale à l'absence du brevet, j'en établissais une. Voilà toute la loi telle qu'elle a été présentée par moi.

La Commission chargée par l'Assemblée de l'examiner, en a-t-elle changé le caractère, quoiqu'elle l'ait modifiée en ce qui touche le brevet? Non, vous pouvez lire le rapport de M. Combarel de Leyval : ce qu'elle a proposé, c'est de substituer à la condition du brevet la nécessité de l'autorisation, et elle motivait ainsi cette substitution :

« Vous assimilez le colporteur au libraire ambulant. L'assimilation est mauvaise. Nous l'assimilons, nous, au libraire étalagiste, qui fait son commerce sous les yeux de l'autorité, sur la place publique.... Nous demandons que l'autorisation remplace le brevet. »

L'autorisation avait cet avantage, que, à la différence du brevet, qui ne peut être enlevé que par un jugement, elle peut être révoquée par l'autorité. La loi en acquérait plus de force.

Voilà toute la modification, Messieurs, et c'est là l'opinion à laquelle nous nous sommes ralliés, c'est cette opinion qui fait la loi que vous êtes chargés d'appliquer.

Vous voyez donc bien qu'en consultant les origines de la loi, qu'en recherchant son esprit, on se convainc que c'est le fait qui se passe dans la rue, le fait public, le fait de distribution, le commerce enfin, qui est atteint.

La jurisprudence, je le sais, est allée plus loin.

La jurisprudence, par la difficulté probablement de bien préciser le fait professionnel et le fait accidentel, de déterminer la limite entre ces deux faits, a déclaré que celui-là était distributeur qui, même accidentellement, faisait une distribution, fût-ce de son ouvrage, de son sermon, de son discours. Elle est allée jusque-là.

A-t-elle eu tort?

Vous dites que j'attaque avec amertume la jurisprudence. Je sais trop le respect que je dois aux décisions émanées de la justice, pour jamais en manquer dans le jugement même que je pourrais porter sur la jurisprudence dont il s'agit. S'il y a de bonnes raisons pour la justifier, je n'en crois pas moins qu'elle est allée jusqu'à la plus extrême limite de l'interprétation extensive; et, en matière pénale, je ne sais si cela est permis. Je crois, en tous cas, qu'il ne faut pas aller plus loin, et que, si l'on faisait un pas de plus, on s'exposerait à complètement dénaturer le caractère de la loi, à la transformer. Dans ce cas, il serait bien injuste de me reprocher d'en avoir été l'auteur, car cette nouvelle loi ne serait plus celle que j'ai présentée et fait voter.

C'est ce pas de plus qu'on vous propose cependant de faire.

On vous propose de décider doctrinalement, comme l'ont fait les premiers juges, que ce n'est pas seulement le fait de distribution qui constitue le délit prévu par la loi, mais que c'est aussi le fait de remettre un écrit à un agent de distribution, à une compagnie exerçant publiquement son industrie depuis vingt ans, et que la loi doit être entendue de cette manière, que, lorsqu'un colporteur sera surpris se livrant à son commerce sans autorisation bien régulière, il ne suffira pas de le saisir et de le punir, la justice aura encore à rechercher toutes les personnes qui lui auraient remis des écrits quelconques, pour les punir aussi lors même que ces personnes auraient ignoré si le colporteur était ou non autorisé, alors même qu'elles auraient pu et dû supposer qu'il l'était.

Messieurs, avant de consacrer une pareille doctrine, vous daignerez y réfléchir ; vous daignerez faire attention que la loi qu'il s'agit d'appliquer et d'interpréter se rattache à un ensemble de lois de police qui portent également sur les agents de publicité et de distribution.

Je demande seulement la permission de rapprocher cette disposition de celle qui est relative aux crieurs et aux afficheurs.

Il y a une grande analogie : crieurs, afficheurs, colporteurs, tout cela rentre dans la même famille, dans la famille de ces agents de publicité qu'on a voulu mettre sous la main de la police.

Est-ce que vous décideriez que la loi contre les crieurs et les afficheurs serait applicable à quelqu'un qui aurait simplement remis un écrit à une entreprise chargée de l'afficher ? est-ce que vous consacreriez, comme l'ont fait les premiers juges pour le délit de colportage, que remettre à un crieur ou un afficheur un écrit, c'est *s'assimiler* par le fait, *s'identifier* légalement avec le crieur et l'afficheur ? que, dans ce cas, la responsabilité de l'affichage *indu* remonte à celui qui remet l'écrit pour l'afficher, même lorsque cette remise se fait de bonne foi, et dans la confiance que l'afficheur ou l'agence d'affichage est autorisée ?

Eh bien ! ce que vous ne décideriez pas pour l'afficheur, quelle raison de le décider pour l'agent de distribution et de colportage ? La responsabilité pèse sur le fait ; elle ne remonte pas au tiers qui s'est confié à l'agent, le croyant autorisé.

Je fais la réserve du cas de complicité, parce que, ici, il y a un principe qui domine tout : c'est que celui qui concourt sciemment à un fait, qui l'aide ou le provoque avec connaissance de cause, commet lui-même le délit ; il fait corps avec l'agent qu'il a ainsi provoqué ; mais dans quel cas ? c'est lorsqu'il a la conscience du fait qu'il provoque, du délit auquel il s'est associé, car je ne sache pas que jamais il y ait eu de complicité là où l'on n'a pas agi en connaissance de cause. La loi est formelle.

Que si les premiers juges avaient dit : « Attendu qu'en remet« tant les écrits à Bidault, et en le provoquant à les distribuer « sachant que Bidault n'était pas autorisé, en lui faisant des dons « ou des promesses pour l'engager à prendre la responsabilité « d'une infraction à la loi, Bocher s'est rendu coupable lui« même de cette infraction comme complice » ; au point de vue judiciaire, je n'aurais rien à dire ; la décision serait parfaitement justifiée. Mais cela, Messieurs, les premiers juges ne l'ont pas dit, et permettez-moi de l'affirmer, ils ne pouvaient pas le dire en présence des faits de la cause.

Le ministère public a reproché à mon client, sur ce point, d'être moins sincère qu'il ne l'avait été dans ses explications premières, d'avoir cherché à tourner les difficultés de sa position ; selon lui, dans l'instruction il s'était avoué tout simplement et très-franchement responsable d'une distribution illégale.

Je crois que le ministère public n'a pas bien lu les déclarations dans lesquelles il découvre cette contradiction entre mon client et ses co-prévenus. Les déclarations sont parfaitement concordantes. Sur les circonstances dans lesquelles la remise des écrits a eu lieu, qu'est-ce qu'a dit mon client ? Qu'il n'avait commandé à la maison Bidault que des enveloppes, et que son intention était de confier ces enveloppes à la poste.

Cela s'est trouvé vrai.

Mon client affirme, en outre, que c'est sur l'insistance du représentant de la compagnie, et sur la déclaration réitérée de cette compagnie que, fonctionnant depuis plus de 20 ans, elle était en règle avec la police, qu'il lui a remis les écrits afin qu'elle les mît dans les enveloppes et qu'elle les fît parvenir à leur destination. Le fait est-il exact ? est-il démenti par l'agent de la compagnie? C'est dans l'interrogatoire de cet agent que j'en vois la preuve.

Voici ce qu'il dit :

« On est allé à la Préfecture de police encore tout nouvellement, dit cet agent, au moment de la distribution des cartes de visite, pour demander s'il y avait besoin d'autorisation. Il a été répondu que nous n'étions pas autorisés, *mais que cela n'empêchait pas*, etc. »

« Je croyais qu'il s'agissait de circulaires électorales. Nous pensions que ce Monsieur était M. Léon Faucher. Il annonçait *qu'il ferait mettre chez lui les imprimés dans les enveloppes, et je lui ai fait remarquer qu'il serait beaucoup plus simple, plus expéditif de nous charger de ce pliage.* Rien à cet égard n'était encore décidé, lorsque, dans l'intervalle, il nous apporta les 1,500 lettres. »

Vous le voyez donc, il est constaté, même par l'agent de la compagnie dans son interrogatoire, que mon client reste dans la pure vérité et n'invente pas, comme on le lui reproche, des moyens évasifs, lorsqu'il affirme, dans toute sa sincérité, qu'il n'était pas allé chez cet agent pour lui remettre ses imprimés à titre de distributeur légal, qu'il ne lui avait demandé que des enveloppes qu'il se proposait de confier à la poste lorsqu'il les aurait remplies; et c'est parce que cet agent lui a dit : « Nous pouvons faire ce que ferait la poste; nous nous croyons autorisés », que mon client, de bonne foi, lui a remis les lettres pour que cet agent en fît lui-même la distribution.

Il n'y a donc pas eu complicité, puisque mon client a partagé, à cet égard, la confiance de la compagnie elle-même.

Et voyez comme les détails de l'opération viennent encore lui donner le caractère de bonne foi! M. Bocher a-t-il donné à l'agent de la compagnie Bidault une prime pour violer la loi? lui a-t-il dit : « Vous courez un risque, je vais compenser ce risque? » Non. C'est au prix du tarif ordinaire établi pour les communications les plus insignifiantes, qu'il a traité : 10 fr. par mille exemplaires. Point de dissimulation, point de conditions particulières, aucun soupçon pour mon client qu'il pût y avoir contravention. Il lui importait fort peu, quoi qu'en ait dit M. l'avocat général, que la distribution se fît par la poste ou par la maison Bidault, du moment que la maison Bidault lui avait dit qu'elle était autorisée.

Et de la part de la maison Bidault, n'est-il pas permis de dire qu'elle était aussi parfaitement de bonne foi?

Quelle est donc cette prétention de la police de n'accorder, pour ses convenances, qu'une autorisation de fait, une tolérance en vertu de laquelle vous pouvez distribuer, colporter impunément, jusqu'au jour où il lui plaira de vous frapper, se prévalant, en quelque sorte contre vous, de la confiance même qu'elle vous a inspirée?

Cependant, que vous appliquiez cette espèce d'arbitraire administratif à l'agence qui veut bien s'en contenter, on peut dire, à la rigueur, qu'elle n'a pas le droit de plainte, puisqu'elle a accepté cette situation dangereuse; je dis à la rigueur, car l'application des sévérités de la loi à un fait toléré tous les jours par la police, répugnera toujours à des juges qui aiment peu voir leur justice enchaînée ou mise en mouvement selon les volontés, les convenances et quelquefois les caprices d'une administration variable.

Mais vouloir que le tiers devine que l'agence, en possession depuis vingt ans de faire des distributions publiquement, dont les porteurs, revêtus d'insignes, parcourent journellement les rues de Paris, en rapport continuel avec la police, n'est cependant pas en règle, qu'elle n'a qu'une autorisation de fait; le rendre responsable de ce qu'il n'a pas demandé la représentation d'une autorisation écrite, l'assimiler pour ce seul fait au colporteur lui-même, le frapper des sévérités de la loi, ah! Messieurs, ce ne serait pas l'appliquer, cette loi, ce serait la fausser, et même la compromettre par la plus injuste et la plus dangereuse des applications.

C'en est assez sur ce point.

J'ai dû vous rappeler le texte de la loi, vous supplier de n'y pas ajouter; car plus le texte est rigoureux, plus il faut se garder de l'étendre et y ajouter.

Je vous ai rappelé aussi l'esprit de cette loi; je vous ai démontré que cet esprit, autant que la lettre, résiste à l'interprétation extensive qui lui a été donnée par les premiers juges, et qu'étendre la responsabilité, établie par cette loi, du fait matériel de la distribution au simple fait d'une remise d'écrits à distribuer, du colporteur, du vendeur, du distributeur, à celui qui ne se rattache au colporteur, au vendeur, au distributeur que par un simple fait de remise sans complicité constatée, c'est donner à la loi une dilatation à laquelle n'ont jamais pensé ni ses auteurs, ni ceux qui l'ont votée, et à laquelle résisteront toujours les magistrats mêmes qui se rendent compte des conséquences possibles d'un principe.

Enfin, examinant la question de complicité, je vous ai montré que, loin qu'il y eût complicité, il y avait bonne foi, il y avait confiance, à raison des faits notoires ayant leur source dans les actes mêmes de la police et dans la tolérance dont elle couvrait aux yeux du public l'entreprise à laquelle on s'était adressé.

Reste la seconde contravention, celle provenant de la violation de l'article 283 du Code pénal.

Sur cet article 283, je n'ai que deux mots à dire.

Je crois que les premiers juges, qui ont décidé en principe général et absolu que cet article est applicable aux livres ou écrits imprimés à l'étranger, comme à ceux qui sont imprimés en France, ont en cela établi une doctrine dont les dangers sont bien grands et ne peuvent que frapper la Cour.

La conséquence d'une pareille doctrine, si elle était vraie, ne serait rien moins que celle-ci : c'est qu'il deviendrait absolument impossible qu'il circulât en France un seul livre écrit ou imprimé à l'étranger sans que le distributeur ou ceux qui concourraient à leur distribution fussent responsables, aux termes de l'article 283.

Et en effet, la loi qui exige la mention du nom de l'imprimeur est une loi française, qui n'a pas d'analogue dans beaucoup d'autres pays, dans les pays où les publications typographiques sont les plus nombreuses, et avec lesquels nos relations commerciales de librairie sont les plus suivies.

Peut-on donner une telle portée à la loi ? Peut-on dire que l'article 283, qui exige l'indication du nom de l'imprimeur, s'applique même à un écrit imprimé à l'étranger ?

Il ne faut pourtant pas faire un grand effort d'esprit pour voir quel est le sens de cet article. Le législateur cherche un responsable, un responsable sur lequel il ait action. Si l'impression a eu lieu en France, il lui faut un nom d'auteur ou d'imprimeur, afin qu'il y ait une personne sur laquelle la responsabilité légale puisse s'appesantir. Mais si l'écrit sort d'une presse étrangère, quelle est donc l'utilité pour le législateur français de connaître le nom de l'imprimeur ? Il n'a pas d'action sur lui, cet imprimeur n'est pas son justiciable. Ce serait donc une curiosité vaine, stérile, sans objet, qui ne pourrait d'ailleurs être satisfaite pour les livres imprimés dans les pays étrangers soumis à des législations qui n'ont pas les mêmes exigences que la législation française.

Il faut donc reconnaître que l'art. 283 est une mesure de police intérieure et territoriale, se rattachant à la règlementation de l'imprimerie en France et que cet article n'est pas applicable aux écrits imprimés par les presses étrangères et à l'étranger.

Mais, dit-on, il serait bien inconséquent que le législateur fût armé contre les écrits imprimés en France, et qu'il ne le fût pas contre les écrits imprimés à l'étranger.

Remarquez que, quant au contenu de ces écrits, les lois françaises sont parfaitement applicables, mais que quant à l'indication du nom de l'imprimeur, elles ne le sont pas parce qu'elles n'ont pas intérêt, elles ne le sont pas parce qu'elles ne pourraient pas l'être, elles ne le sont pas parce que les législations étrangères qui régissent ces écrits peuvent être différentes de la législation française.

Et, en outre, je dis que l'art. 283 ne saurait être appliqué dans ces circonstances, parce que l'art. 284 ne pourrait pas l'être.

L'article 284 dit que : lorsqu'on fait connaître le nom de l'imprimeur sans donner même celui de l'auteur, lorsque l'imprimeur lui-même désigne l'auteur, il n'y a plus qu'une simple contravention, et le délit s'évanouit.

Désigner notre imprimeur à l'étranger! mais on ne nous l'a pas demandé. Nous sommes prêts à le désigner. Mais on ne nous a pas fait la question, parce qu'elle eût été oiseuse et faite en dehors de la loi.

L'art. 284 ne nous a pas été appliqué parce que l'art. 283 n'était pas applicable, parce que en nous demandant le nom de l'imprimeur étranger des presses duquel étaient sortis les écrits, le magistrat eût senti qu'il faisait une question inutile.

Vous le voyez donc, Messieurs, l'art. 283 ne peut pas être appliqué.

Mais quelles sont alors les garanties de la société ?

Il est facile de les indiquer. Elles appartiennent à un autre ordre de mesures : c'est dans les traités qu'on détermine les conditions de l'introduction des livres étrangers, c'est dans les règlements de la douane. Ces garanties sont dans le droit de tout gouvernement de défendre son territoire à tels et tels ouvrages, de les assujétir à des obligations ou fiscales, ou de police, ou de conservation. La garantie dont s'agit ici est dans le droit public et international, elle n'est pas dans le droit civil pénal. Demandez des garanties au droit public à l'égard des écrits imprimés à l'étranger; ne les demandez pas au droit pénal territorial, qui ne peut s'appliquer qu'à ce qui s'imprime en France.

Décider autrement, ce serait jeter la plus grande perturbation dans le commerce de la librairie et de l'imprimerie.

La discussion légale est épuisée, et il me paraît démontré que ce n'est que par une fausse interprétation de la loi que les premiers juges ont trouvé dans le fait reproché à mon client le double délit prévu par la loi du 29 juillet 1849, sur le colportage, et par l'art. 283 du code pénal. Notre appel se trouve donc justifié en droit.—Il nous reste à combattre subsidiairement celui du ministère public.

Cette dissertation à laquelle nous venons de nous livrer sur le sens et sur la portée de la loi pénale n'est pas complètement indifférente même pour l'appréciation de la question des circonstances atténuantes, et pour l'application de l'art. 463; car, en admettant que la disposition de la loi sur le colportage et l'art. 283 soient applicables d'après l'interprétation la plus stricte, la plus rigoureuse, on conviendra avec moi que nous sommes au moins sur l'extrême limite de ces dispositions pénales, que nous sommes en face de ce que, nous autres jurisconsultes, nous appelons le *summum jus.*

Vous nous appliquez la loi, à nous qui ne faisons pas le commerce de la distribution, qui avons confié la distribution que nous avions à faire à une entreprise autorisée, au moins de fait, par la police et d'après la notoriété publique; vous faites de nous un colporteur, vous nous appliquez les rigueurs de la loi pénale sur le colportage. Convenez avec nous que vous nous transportez, de par la loi, sur la plus extrême limite qui sépare le fait permis du fait punissable.

Eh bien! ce n'est pas sans dessein que l'art. 463 du Code pénal a été expressément introduit dans la loi de 1849; c'est dans le pressentiment même des conséquences qu'elle pouvait produire en ce qu'elle avait de rigoureux et d'absolu; c'est dans la prévision, pour ainsi parler, je ne dirai pas de ce procès, mais d'un procès pareil; c'est parce qu'on a senti qu'à côté d'une loi de rigueur qui pouvait entraîner à des applications susceptibles jusqu'à un certain point de blesser des sentiments, ou de moralité, ou d'équité, il fallait armer le juge de la faculté de concilier les rigueurs de la répression avec ces sentiments intimes de la conscience.

C'est la plus belle part faite au juge, c'est celle qu'il aime le mieux, c'est celle qu'il déserte le moins volontiers.

Il ne faut pas, je le reconnais avec M. l'avocat-général, il ne faut pas en faire abus. On s'exposerait à énerver la loi. Mais, je ne crains pas de le dire, si avec toutes les circonstances soit intrinsèques, soit extrinsèques du fait incriminé, l'art. 463 n'était pas appliqué dans l'espèce, il faudrait le rayer, car je ne sache pas, même par hypothèse, de cause où toutes les circonstances atténuantes puissent être plus évidemment réunies et accumulées que dans celle-ci.

Pour le fait intrinsèque, à quel fil, à quel cheveu, pour ainsi dire, tient-il, qu'il ne constitue un fait permis? Combien peu il s'en faut qu'il ne sorte, même au point de vue de l'interprétation la plus rigoureuse, la plus extensive de la loi, de la catégorie des délits? Pas de commerce, pas de fait de distribution, confiance dans une tolérance qui pouvait bien être prise pour une autorisation suffisante, bonne foi, tout ce qui peut se rattacher à un fait pour le légitimer, le couvrir, le justifier, tout cela existe dans la cause.

Vous nous parlez de l'égalité devant la loi. Ah! vous êtes bien sûr que je ne vous contredirai pas là-dessus. Oui, l'égalité règne surtout dans le sanctuaire de la justice. C'est là qu'elle est sainte! que tous les droits y sont également protégés sans acception des rangs, des personnes; oubliez, oubliez, et le malheur de cette famille, et ses anciennes grandeurs, et sa déchéance et sa ruine, et les diffamations officielles et officieuses : je voudrais pouvoir, à la place de ces noms augustes qui ont été si longtemps honorés en France, mettre les noms les plus obscurs de mon pays. Je ne demande que l'égalité du droit commun ; je ne demande que la justice commune ; je ne demande pour eux que d'être traité, respecté dans leur droit, comme le serait le citoyen le plus humble et le plus ignoré.

Oui, puissions-nous jouir de ce grand bienfait de l'égalité devant la loi! Puissions-nous en jouir dans ce grand litige, dans ce procès, dont celui-ci n'est qu'un incident et une espèce de préliminaire, lorsque nous défendrons le patrimoine de toute une famille; ce patrimoine qui depuis des siècles est dans cette famille à aussi juste titre que la chaumière héréditaire dans la famille du laboureur! Puisse cette égalité que nous invoquons, et qui, j'espère, ne nous sera pas refusée lorsque nous serons devant la justice du pays, couvrir et protéger notre droit!

C'est celle-là aussi que nous demandons aujourd'hui devant vous, Messieurs.

Nous vous demandons d'oublier toutes les considérations politiques que le ministère public faisait valoir. — Non, et Dieu merci, vous n'avez pas à peser dans votre balance l'intérêt d'un pouvoir naissant et les malheurs d'une famille déchue. — C'est nous qui vous supplions d'écarter de vos consciences jusqu'à l'émotion que vous pouvez éprouver, lorsque vous vous trouvez, même indirectement, en présence d'aussi grandes infortunes.

Oubliez tout cela, Messieurs; mais n'oubliez pas les faits, n'oubliez pas les circonstances qui les entourent et auxquelles il n'est pas nécessaire de rattacher des noms illustres. N'oubliez pas que mon client était obligé de faire pour ses mandants plus même qu'il n'aurait fait pour lui-même; qu'il avait leur patrimoine, leur honneur à défendre, que les moments sont précieux, que l'exécution est menaçante, qu'il n'y a pas de temps à perdre, qu'il faut se hâter d'expliquer les faits, détruire les erreurs, mettre le pouvoir en face de l'évidence, et, si des juges nous sont refusés, dire au moins à ce pouvoir, que nous honorons par cela même que nous lui supposons la force la plus grande, la vertu la plus élevée, celle de rétracter sa propre erreur : « Vous avez été trompé sur les faits, trompé sur les principes, trompé sur les lois. Une révolution s'est faite. Vous en changez les conditions après vingt ans d'exécution, etc. » Oubliez qu'il s'agit de princes, de membres d'une famille éminente; supposez, Messieurs, que ce sont de simples propriétaires menacés dans leur fortune, atteints par des circonstances étrangères à la politique, ayant laissé un mandataire loyal pour les défendre. Ce mandataire a épuisé tous les moyens réguliers ordinaires. Il a rencontré la censure, les refus du pouvoir pour publier même une consultation judiciaire, c'est-à-dire un de ces documents qui, dans tous les pays et dans tous les temps, relèvent de la justice et non de la police, et jouissent du privilège d'aborder le juge sans intermédiaire; parce que la responsabilité ici est attachée à la profession et à l'honneur que nous avons de relever de vous, Messieurs, de répondre devant vous de l'abus que nous pourrions faire de notre ministère. Encore une fois, ce mandataire a vu toutes ces considérations foulées aux pieds, à deux reprises différentes, sur deux tentatives successives ; refus, refus formel de la censure de permettre l'impression et la publication de cette consultation. Eh bien, c'est alors, Messieurs, et alors seulement, que ce mandataire, pour qui la persévérance est un devoir, fait imprimer en Angleterre ce qu'on ne lui permet pas de faire imprimer en France ; c'est alors qu'il cherche à répandre ces imprimés en France, par la voie de la poste ; c'est alors aussi que l'agent d'une entreprise de distribution, à laquelle il ne s'était d'abord adressé que pour des enveloppes, n'avait commandé que des couvertures, lui offre de faire office de la poste, et que, confiant dans les assurances de cet agent, dans sa notoriété, il lui remet ses imprimés. Voilà le fait dans toute sa simplicité.

Pouvait-il, je vous le demande, agir autrement ? Il aurait donc fallu qu'il se tût, qu'il assistât jour par jour à ce travail de diffamation contre l'honneur du père de ses mandants, qu'il vît entre les mains de tout le monde des journaux reproduisant ces histoires de la fortune des d'Orléans, ces vieilles accusations dont les unes même descendent jusqu'à des imputations odieuses, d'autant plus odieuses qu'elles rejaillissent même sur la justice. Tout cela se propage, tout se répand avec les autorisations du pouvoir, sans aucun empêchement ; et pour nous, partout la censure, partout le refus. Les soupirs de notre plainte ne peuvent pas même traverser le réseau qui nous entoure.

Et vous ne verriez pas là une circonstance atténuante ! Oubliez qu'il y a là des princes, prenez le dernier des hommes, le plus ignoré des paysans dans une pareille situation. Lui contesterez-vous le bénéfice de ce droit sacré en tout temps et en tout pays, le droit de pétition et de défense? Est-ce que vous, qui ne permettez pas que le plus léger des intérêts puisse être lésé sans être défendu, vous ne trouveriez pas une circonstance atténuante dans le caractère défensif de l'acte de mon client?..... Et s'il s'agit du mandataire d'une famille absente, forcément privée du droit de se défendre elle-même, ne tiendrez-vous pas compte à ce mandataire du devoir d'honneur qui, dans une telle situation, lui était imposé? Le fait que vous avez à apprécier moralement, équitablement, s'offre donc à vous sous la triple sauvegarde, sous la triple recommandation du *droit*, du *devoir*, et de la *nécessité*.

Le ministère public reproche aux premiers juges de ne pas avoir exprimé les motifs qui les ont déterminés à atténuer la peine; il devrait bien plutôt honorer et louer leur réserve et leur prudence. Mais vous ne vous êtes donc pas rendu compte de leurs sentiments? Vous ne vous êtes donc pas mis à la place de ces magistrats consciencieux, qui, après avoir satisfait à la partie rigoureuse de leur devoir, après avoir maintenu la sévérité de la loi par une doctrine dont vous ne contesterez pas la fermeté, heureux cependant de pouvoir, parce que le législateur les y convie, consulter le sentiment de l'équité, n'ont pas hésité à tenir compte des circonstances dans lesquelles le fait a eu lieu, de la bonne foi des parties, des conjonctures tout exceptionnelles dans lesquelles on les avait placés? Vous pourriez ajouter aujourd'hui: de la justice tardive que leur fait le pouvoir, cette justice qui accorde aujourd'hui ce droit de contradiction qu'il défendait il y a quelques jours!

Ah! si vous nous l'aviez permise, cette publicité, si vous nous en aviez ouvert l'arène, le jour où nos droits, notre honneur ont été attaqués, le procès n'existerait pas, il n'aurait pas eu lieu. C'est donc parce que les juges ont pressenti cette justice que le pouvoir nous accorde enfin, parce qu'ils n'ont pas pu méconnaître ce droit sacré de défense, qui a enfin triomphé des obstacles qu'on y apportait, que vous les trouveriez trop indulgents? Et encore ces juges ont-ils appliqué le maximum de l'amende. Je ne parlerais pas de cette circonstance-là, si je n'avais à les venger de cette prétendue faiblesse dont on les accuse. En outre, il leur a été bien permis de prendre en considération quinze jours de détention préventive infligés à un homme établi, responsable, rigueur inutile qui a dû entrer dans leur balance.

Je ne suivrai pas M. l'avocat général dans la statistique qu'il a cru devoir soumettre à la Cour des condamnations correctionnelles qui ont déjà été portées contre le colportage. Je n'ai pas les mêmes facilités que lui pour rechercher dans quelles conditions ces condamnations ont été prononcées. Je suis sûr d'avance qu'elles l'ont été dans d'autres conditions que la nôtre; sans cela, il en résulterait contre nos premiers juges un reproche de partialité que je repousse de toutes les forces de ma conviction et de toute l'énergie de mon respect pour la justice.

Croyez-vous que les premiers juges aient manqué au principe de l'égalité? que, sévères contre des malheureux, ils n'aient connu l'indulgence que pour des prévenus d'une classe plus élevée? Avez-vous bien songé à la portée d'un pareil reproche?

Ah! si ces condamnations dont on excipe m'étaient livrées, et que je pusse les examiner, il me serait facile de venger l'impartialité et l'honneur des magistrats, et de faire voir que si le juge s'est montré sévère contre des gens qui, placés par leur profession sous la surveillance de la police, ont cherché à se soustraire à cette surveillance, il lui a été bien permis, sans mériter le reproche de partialité, de faire une distinction entre la profession et le fait accidentel, entre la spéculation et l'exercice d'un droit de défense, entre l'acte libre, spontané, et l'accomplissement forcé d'un devoir.

Messieurs, le caractère qui a été donné à l'appel du ministère public le rend plus grave que je ne l'aurais supposé. On vous demande de rétablir l'égalité qui aurait été violée par les premiers juges. Ah ! ceci m'avertit que désormais il s'agit bien plus dans ce débat de la cause de la magistrature que de la nôtre.

C'est l'honneur des premiers juges que je défends et que je revendique ici, en faisant ressortir cette vérité que je crois avoir démontrée, à savoir : que dans nulle cause plus que dans celle-ci, même par hypothèse et par prévision, il ne serait possible d'accumuler plus de circonstances atténuantes ; que l'article 463 y est bien appliqué, et qu'en refuser l'application dans l'ensemble des faits que j'ai eu l'honneur d'exposer, ce ne serait pas affaiblir ni énerver la loi, comme on l'a dit, ce serait la destituer de cette disposition essentielle et tutélaire au moyen de laquelle le législateur, dans les prévoyances de sa sagesse et de sa justice, a armé les magistrats du droit d'être équitables après qu'ils ont fait aux rigueurs de la loi la juste part qui leur appartient.

Je l'ai déclaré en commençant, et je le répète en finissant, je ne veux pas suivre M. l'avocat général sur le terrain des considérations politiques qu'il a abordées. Je ne veux pas parler de ce pouvoir naissant qui a besoin d'être soutenu, des bases sur lesquelles il repose, ni discuter les services qu'il a rendus. Tout cela c'est de la politique, et je ne veux, devant la justice, parler que de droit et de justice. Mais si la pensée de M. l'avocat général était relevée dans le sein de vos délibérations, si, par des considérations empruntées à la politique, on insinuait que ce pouvoir nouveau attend de vous la concession de quelques jours de prison contre mon client, pour y puiser je ne sais quelle force, je ne sais quel appui moral, vous vous souviendrez, Messieurs, des exemples de vos prédécesseurs, et vous direz avec eux : « Nous rendons des arrêts et non des services. — Dans ce cercle fatal qui ramène tour à tour et successivement tous les partis à l'état de vainqueurs ou de vaincus, d'oppresseurs et d'opprimés, que la justice du moins reste indépendante des passions et des intérêts du moment ! Qu'elle ait toujours devant les yeux cette réponse à jamais mémorable d'un magistrat que le pouvoir d'alors pressait aussi de faire taire ses scrupules judiciaires devant la raison d'État : « Si je condamne l'accusé, s'écria-t-il, qui m'absoudra, moi ! »

Vous serez justes, Messieurs, rien que justes ; il n'y a pas de raison d'État supérieure à la justice, car ce n'est que par la justice que se consolident et se fortifient les gouvernements.

(Me Odilon Barrot se rassied. Un murmure d'approbation continu circule dans l'auditoire.)

M. LE PRÉSIDENT. Est-ce volontairement que vous avez omis, dans l'examen que vous avez fait des différents chefs du jugement, de parler du fait de distribution personnelle reprochée à M. Bocher.

Me ODILON BARROT. Je remercie mille fois Monsieur le Président de la bonté qu'il a de me signaler une lacune dans ma plaidoirie.

Je ne m'étais attaché qu'au motif principal, celui que le juge a présenté comme décisif et qu'il a pris dans l'assimilation prétendue entre celui qui donne un écrit à distribuer et celui qui le distribue.

Il est très-vrai que les premiers juges, comme s'ils se fussent défié de ce que leur doctrine avait de trop absolu en étendant la responsabilité légale de la distribution au fait de simple remise à l'agent de distribution ont introduit dans leur jugement un considérant qui fixe, je le vois, l'attention de la cour ; ce subsidiaire est ainsi formulé dans le jugement :

« Au surplus, il ressort des circonstances de la cause qu'il « (M. Bocher) a lui-même distribué plusieurs exemplaires de ces « mêmes écrits. »

Je regrette d'avoir trop circonscrit ma discussion devant les premiers juges aux éléments mêmes de la prévention et de ne m'être pas assez catégoriquement expliqué sur le fait de distribution directe qui, du reste, n'a été rattaché à la cause qu'à l'audience seulement.

La prévention portait exclusivement d'abord sur le fait de la remise des écrits à l'entreprise Bidault dans les circonstances que vous connaissez. C'est dans le débat que le ministère public a argué de l'aveu que mon client avait fait dans son interrogatoire, d'avoir participé à une distribution en dehors même du fait de la remise.

Il faut se reporter à cet interrogatoire.

C'est déjà chose grave de faire sortir une inculpation d'un aveu loyal, honnête, qui pouvait n'être pas fait. Mais encore faut-il prendre cet aveu dans sa totalité et ne pas le diviser.

Eh bien! que dit M. Bocher relativement au fait auquel M. le Président vient de faire allusion?

« J'allai moi-même chez M. Bidault plutôt que de compromettre un agent ou un serviteur. » Je fais en passant sur ce passage de l'interrogatoire l'observation suivante.

On pourrait en induire que mon client ne voulait compromettre que lui aux yeux de la justice. Mais mon client vous déclarera que quand il parlait de n'exposer que lui, il ne se préoccupait pas du danger judiciaire. Dans le régime de dictature sous lequel nous avons vécu, il n'est que trop vrai qu'il y avait d'autres dangers à courir que celui-là.

Qu'on n'excipe donc pas contre lui d'un sentiment généreux pour en tirer la conséquence qu'il avait la prévision d'un danger judiciaire. Je déclare que, sur ce point, il croyait la maison Bidault parfaitement autorisée, et par conséquent à l'abri de toute poursuite régulière; mais il y avait des dangers administratifs auxquels il ne voulait pas exposer les autres.

Je continue :

« C'est en entrant dans la boutique du distributeur que j'ai été arrêté. Ma femme m'attendait dans sa voiture ; au moment où je la prévenais de se retirer après en avoir demandé l'autorisation à un officier de paix, deux agents ont saisi dans ses mains deux cents exemplaires de la lettre autographiée des princes : j'étais moi-même porteur de vingt-cinq exemplaires du rapport de M. Berryer que j'allais charger M. Bidault d'adresser par la poste en province. — Dans un autre passage de son interrogatoire, M. Bocher dit : Ces documents imprimés à l'étranger ont été adressés d'abord dans les départments par la voie de la poste.

Ainsi M. Bidault ou la poste, voilà les seuls modes de distribution auxquels a eu recours M. Bocher ; je défierais le ministère public d'en indiquer un autre qui soit même simplement indiqué dans l'instruction.

M. l'avocat-général prétend que la jurisprudence n'est pas fixée sur la nature et la portée des distributions confiées à la poste. Libre à lui de contester la jurisprudence dans l'état où elle est. La Cour, elle, n'est pas enchainée. Elle peut, dans la plénitude de son indépendance, déclarer que remettre des imprimés à la poste cela constitue le délit de colportage ou de distribution ; mais j'avoue que je n'avais pas cru devoir plaider cette question devant la Cour, que je l'avais prise pour bien jugée et bien décidée, l'arrêt intervenu me paraissant, d'après mes faibles lumières, motivé de manière à ne pas admettre même un doute, même une controverse sérieuse. S'il m'était permis de le mettre sous les yeux de la Cour, elle verrait par quels motifs sérieux, et selon moi irréfutables, la Cour de cassation a sur ce point fixé la jurisprudence. La Cour y trouverait même un argument que j'avais négligé sur la question de colportage.

« Vu l'article 6 de la loi du 27 juillet (porte cet arrêt) :

« Attendu que la loi ne prohibe et ne punit que le *distributeur* « et le *colporteur de livres*, écrits ou brochures, qui ne sont « pas pourvus d'un autorisation ; qu'il est donc nécessaire, pour « son application, que les faits de *distribution* ou de *colportage* « qu'elle prévoit aient *été commis* par des *agents non autorisés*; « que la *distribution par la voie de la poste*, qui a reçu des lois « et des règlements la mission de distribuer les écrits ou impri- « més déposés dans ses bureaux, ne *saurait tomber sous cette* « *prohibition*, que les agents de l'administration qui opèrent « cette distribution sont légalement autorisés ; *que les expédi-* « *teurs qui ont déposé et affranchi* les imprimés à distribuer *ne*

« *peuvent*, d'un autre côté, être *assimilés aux distributeurs* « *et assujétis à la condition d'une autorisation, puisqu'ils ne* « *concourent pas personnellement à la distribution*, et qu'ils « ne sauraient, d'ailleurs, être atteints comme complices, puisque « le fait principal de la distribution ne constitue lui-même aucun « délit, etc. »

Je remercie la Cour de m'avoir fourni l'occasion de lui citer cette autorité, puisqu'elle y aura remarqué la consécration de la doctrine même que je lui ai soumise, à savoir : que la loi ne s'applique qu'au distributeur même et n'atteint pas ceux qui ne concourent pas personnellement à la distribution.

La cour voit donc que cet argument non-seulement écarte le chef d'accusation que le tribunal a pu puiser dans l'aveu de mon client, à savoir : qu'il avait concouru à une distribution par la poste, mais qu'il justifie aussi la doctrine que je lui ai présentée sur le point de savoir si l'on peut étendre la responsabilité du fait de la distribution au fait de la remise.

Quant aux 200 exemplaires trouvés dans la voiture de M. Bocher, ils n'avaient pas une autre destination. On n'a pas interrogé mon client sur ce fait, apparemment parce que le juge instructeur n'y a pas vu un fait de distribution, et en cela il a eu raison. Comment dès lors rattacherait-on cette circonstance jugée parfaitement indifférente, sur laquelle aucune instruction n'a porté, à la prévention, pour en faire résulter le délit de colportage ? Il aurait fallu au moins constater et déclarer en fait que ces 200 exemplaires n'étaient pas destinés, comme les autres, à être remis soit à la poste, soit à MM. Bidault. — Ce qui eût été d'ailleurs parfaitement contraire à la vérité.

Tel est l'aveu de mon client.

Mais, à côté de cet aveu, il est impossible de ne pas placer l'explication qu'il donne du fait avoué, à savoir : que cette distribution à laquelle M. Bocher a personnellement concouru, c'est par la poste qu'elle s'est faite, et, à moins de remettre en question la jurisprudence réglée, et, selon moi, très-bien réglée par la cour de cassation, il faut reconnaître que cette participation à la distribution par la poste est un fait qui ne saurait entrer dans les éléments de la prévention, car il ne peut à aucun titre constituer un délit.

Reste donc le fait primitif de la prévention : la remise à la maison Bidault, entreprise autorisée de fait, des écrits qu'elle s'est chargée de distribuer aux lieu et place de la poste. C'est à ce fait, Messieurs, que vous aurez à examiner si la loi de 1849 a été justement appliquée.

PLAIDOIRIE DE Mᵉ ALLOU.

Mᵉ ALLOU, défenseur de Malzy et Dubief, présente, dans l'intérêt de ces deux prévenus, quelques observations de droit, au point de vue principalement de la bonne foi avec laquelle ils ont agi et de leur situation particulière vis-à-vis de l'administration de la police.

Il termine en s'excusant d'avoir fait descendre le débat des hauteurs où l'a placé la parole éloquente d'un grand orateur, qu'il se félicite de pouvor admirer au barreau, ne pouvant plus l'admirer à la tribune parlementaire, heureux et fier qu'il est pour son compte de pouvoir désormais l'appeler son confrère.

RÉPLIQUE DE Mᵉ ODILON-BARROT.

Mᵉ ODILON BARROT. Je ne veux pas continuer avec l'organe du ministère public une polémique dont la vivacité paraît l'avoir blessé. Je n'hésite même pas à retirer celles de mes expressions qui, contre mon intention, assurément, ont pu soulever ses susceptibilités.

J'ai cru, lorsqu'on vous demandait une condamnation corporelle au nom d'un pouvoir naissant qu'il ne fallait pas affaiblir, et comme sanction à ce décret qu'on croit justifier en disant qu'il donne l'exemple de l'abnégation et du désintéressement, j'ai cru pouvoir me plaindre de ce qu'on m'entraînait sur un terrain qui n'était pas celui de la cause, d'abord, et où le ministère public avait un avantage que je n'avais pas, puisqu'il avait toute latitude et toute liberté pour l'apologie, et que la même liberté n'était pas laissée à la critique.

Je me suis plaint de cette situation, et j'en avais le droit, car je repousse le reproche que m'a adressé le ministère public d'avoir pris moi-même l'initiative de cette excursion dans le domaine de la politique devant les premiers juges.

Je regrette que cette générosité du Gouvernement, dont nous parlait il y a un instant le ministère public, n'ait pas été jusqu'à permettre aux journaux de publier le débat dont les premiers juges n'avaient cependant pas interdit la publicité. La Cour aurait pu alors s'assurer si le reproche qui m'est adressé est exact et justifie M. l'avocat général ; elle y aurait vu que si, dans ce débat, je me suis permis quelques mots très-mesurés, très-réservés, très-sommaires sur l'appréciation du décret, sur l'autorité qu'on lui donnait, c'est que je devais cette réponse à l'organe du ministère public, qui en faisait dériver la nécessité du silence et de la résignation pour ceux que le décret frappait. Il fallait bien répondre, puisque l'argument capital du ministère public était celui-ci : « Le décret n'admettait ni plainte, ni réclamation, ni discussion : comme acte souverain émané de l'élu du suffrage universel, il commandait le respect et imposait le silence à tous ; ne parlez donc pas de votre droit de défense. Ce droit n'existait pas, il ne peut donc couvrir votre délit. »

C'est alors que, entraîné comme malgré moi sur ce terrain, je me suis écrié qu'il y avait quelque chose au-dessus de la puissance dictatoriale, au-dessus même du suffrage universel ; c'étaient les règles du juste et de l'honnête ; c'étaient particulièrement cette maxime éternelle qui, à l'attaque, permet d'opposer la défense.

Voilà, Messieurs, la seule excursion que je me sois permise devant les premiers juges sur le domaine de la politique. Elle était justifiée, elle était forcée.

C'en est trop sur ce point.

Je demande seulement la permission à la cour de lui signaler l'étrange système de la poursuite à notre égard.

On dit et on répète avec une sorte d'affectation que l'on ne veut pas nous rendre responsables de ce que nous n'avons pas fait, de ce qui est en dehors de nous, de ce qui ne se rattache à nous par aucun lien ; qu'on n'a pas la pensée, à Dieu ne plaise! de faire peser sur nous la responsabilité de ce qui s'est fait en Belgique ou ailleurs, du *bulletin français* par exemple, ou de toute autre publication. On veut bien reconnaître que nous sommes isolés de ces faits, qu'il serait monstrueux de nous en rendre directement responsables. Et qu'est-ce que l'on fait cependant lorsque c'est en vertu de ces circonstances, qui nous sont étrangères, que vous contestez même l'équité de nos juges et que vous venez dire : « L'article 463 n'est pas applicable, et n'est pas applicable en raison, non pas des faits qui vous sont personnels, des circonstances qui vous sont propres, mais par suite de ce qui s'est passé dans un pays étranger ? » Eh quoi ! est-ce que ce n'est pas là faire indirectement retomber sur nous la responsabilité d'actes et de faits qui ne nous concernent pas ?

Ces actes, ils appartiennent à la police, ils n'appartiennent pas à la justice. La justice ne doit tenir compte que des faits propres à la cause, lorsqu'il s'agit pour elle de déterminer la peine à appliquer, soit qu'il s'agisse de l'élever ou de la modérer. Ce sont les faits intrinsèquement relatifs au procès, ce sont ces faits-là isolés de tous autres, qui doivent être appréciés par la justice.

Vous nous avez contesté même la nécessité sous l'empire de laquelle nous avons fait les publications ; vous nous avez parlé de la possibilité de faire publier nos rectifications dans des feuilles étrangères, qui elles-mêmes étaient interceptées ? Ne savez-vous pas à quelles conditions celles des feuilles dont on permet l'entrée en France sont autorisées à y pénétrer ?

Je ne veux pas faire descendre ce débat dans ce détail.

Vous avez le bonheur de vivre dans cette enceinte sacrée de la loi et de la justice ; vous avez le bonheur même de ne pas croire à certaines exigences de la politique. Mais si je vous montrais quelles conditions ont été faites à ces journaux étrangers (je parle de ceux écrits dans la langue française) pour qu'ils puissent pénétrer d'une manière même imparfaite en France, y apporter une publicité bien incomplète, je vous étonnerais, et on ne nous parlerait plus de cette publicité qui nous vient par les feuilles étrangères. Ai-je besoin, d'ailleurs, de vous citer un autre exemple de cette liberté dont on vous parle, que celui des refus réitérés de la censure pour la publication de notre consultation, que l'interdit actuel jeté même sur ces débats judiciaires, non par la magistrature elle-même, mais par le pouvoir? N'y a-t-il par une certaine dérision à nous parler après cela de la liberté qui nous était laissée d'emprunter la publicité des feuilles étrangères?

Mais depuis, nous dit-on, la publicité vous a été permise, le *Constitutionnel* vous y invite même et vous en donne l'exemple.

C'est-à-dire qu'on nous condamnerait pour n'avoir pas deviné en février ce qui se passerait en mars. Et depuis quand, pour apprécier et juger un fait, est-on dispensé de se reporter aux circonstances au milieu desquelles il a été accompli.

Pouvions-nous pressentir alors que la censure nous refuserait ses autorisations pour les publications les plus innocentes, les plus nécessaires, et que postérieurement cette censure lèverait ces interdits?

Par quel étrange sophisme ferait-on sortir une circonstance aggravante de ce qui non-seulement, et aux yeux de tous, est une circonstance atténuante, mais de ce qui enlève à la poursuite tout intérêt, toute signification?

Je veux bien que le pouvoir ait librement, spontanément rendu la liberté à la discussion, qu'il n'y ait pas été entraîné par nos efforts, par cette publicité qu'ils ont produit, par le sentiment de pudeur et de justice qui s'est manifesté dans le pays en face du spectacle révoltant d'une famille qu'on dépouille et qu'on diffame, tout en la bâillonnant et en étouffant le cri de sa plainte. Nous voulons lui en laisser tout le mérite.

Eh bien ! l'argument n'en est que plus fort. Il faut bien que le pouvoir ait reconnu lui-même qu'il y avait quelque chose de sacré dans notre droit de défense, puisqu'il a fini par se laisser fléchir sur ce point. — C'est donc le pouvoir lui-même qui nous a absous en quelque sorte ; car sa résolution actuelle réagit sur le passé, et cette rétroactivité est légitime. — Elle justifie les efforts que nous avons faits et pu faire, en rendant enfin hommage à la puissance du droit que nous exercions et à la sainteté du devoir qui nous faisait agir.

Ici, Messieurs, permettez-moi d'aborder une partie de la cause sur laquelle le ministère public est revenu devant vous, et que j'aurais voulu, à l'imitation de la sage réserve du ministère public devant les premiers juges et les magistrats qui ont dirigé la prévention, pouvoir mettre complètement à l'écart.

On incrimine mon client, on aggrave sa culpabilité, on demande contre lui une peine corporelle. Pourquoi ? parce qu'il n'a pas hésité à mettre à côté de l'outrage qui avait été adressé à la mémoire de leur père, la protestation énergique des enfants.

Mais ce fait, vous ne l'avez pas poursuivi, je le regrette, si vous deviez le reprendre indirectement pour nous en charger. Je le regrette, car alors le débat eût été direct et loyal, la défense eût usé de toute sa liberté, le mandataire aurait disparu ; ce sont les enfants qui auraient été traduits directement à la barre des tribunaux français, pour répondre du sentiment d'indignation qu'ils avaient manifesté en voyant outrager la mémoire de leur père ; le spectacle eût été moral et édifiant ! — Si vous avez eu la pudeur de reculer devant une telle poursuite, — pourquoi la reprendre indirectement et par voie d'aggravation de peine contre nous, à propos de colportage ?

Le pouvoir a reconnu, et je lui en rends hommage, qu'il y avait là une loi de morale éternelle, un devoir de piété filiale que l'on ne pouvait pas incriminer devant des juges français; aussi la prévention a-t-elle jeté un voile pieux sur ce fait, elle a reconnu qu'un tel fait ne pouvait être apprécié d'après les lois ordinaires de l'incrimination commune; et c'est lorsque cette réserve a été ainsi observée par un sentiment que tous respectent, que tous devraient comprendre, c'est alors que vous reprenez ce fait, que vous en faites contre nous une charge, une aggravation, que vous demandez que, dans l'arrêt à intervenir, on introduise une punition corporelle contre mon client, et que cet arrêt aille chercher dans l'exil les malheureux enfants coupables d'avoir trop vivement ressenti l'outrage fait à la mémoire de leur père pour les atteindre au cœur, et ajouter à leur douleur, la plus vive et la plus poignante de toutes, celle de voir leur courageux et honnête mandataire, parce qu'il a traduit au grand jour leur protestation pieuse, frappé, et frappé des mains de la haute magistrature française!... (*Sensation vive.*)

Non, Messieurs, il n'en sera pas ainsi; je regrette profondément que, sur ce point, le débat ne soit pas resté devant vous dans la réserve où il s'était maintenu devant les premiers juges.

Loin qu'il y ait une aggravation dans la situation faite à mon client, en face de ce devoir de donner toute publicité à la protestation de nobles enfants, vengeant la mémoire de leur père, loin qu'il y ait là une aggravation pour des hommes de bien, auprès de cette conscience intime que vous pouvez, Dieu merci! librement consulter quand il s'agit de l'appréciation des circonstances atténuantes, cette seule circonstance qui constitue l'accomplissement d'un devoir sacré aux yeux de tous, écrit dans le code moral et religieux de toutes les nations, il y aurait une circonstance complètement justificative.

Ce n'est pas seulement dans le monde moral que l'attaque à l'honneur d'un père est la plus violente des provocations, et, par conséquent, la plus légitime des excuses, c'est même dans le domaine plus rigoureux et plus strict de la loi; et je ne sais pas si dans vos archives, si empreintes d'honnêteté et de moralité, il me serait bien difficile de trouver quelque arrêt dans lequel vous auriez frappé d'indignité celui qui assiste silencieux et indifférent aux outrages adressés à la mémoire d'un père.

(*Impression vive et profonde.*)

M. LE PRÉSIDENT. La Cour ordonne qu'il en soit délibéré en la chambre du conseil.

(Il est cinq heures. — La Cour se retire.)

Elle rentre à l'audience à six heures, et prononce un arrêt qui condamne M. Bocher à un mois de prison et réduit l'amende à 200 francs.

IMPRIMÉ PAR HENRI ET CHARLES NOBLET,
56, rue Saint-Dominique.

www.ingramcontent.com/pod-product-compliance
Ingram Content Group UK Ltd.
Pitfield, Milton Keynes, MK11 3LW, UK
UKHW020341180726
13839UKWH00002B/844

9 782329 133843